Alejandro J. Rodríguez Morales

Reflexiones en torno al Derecho Penal Internacional

Caracas, 2017

Publicado por: CreateSpace Independent Publishing

Caracas, Venezuela. 2017.

ISBN-13: 978-1542514613

Nota introductoria

La razón de ser de este modesto libro que presento en esta ocasión a la comunidad jurídica, siempre ávida de material bibliográfico y también siempre receptiva a mis obras (lo que agradezco enormemente), radica en la necesidad de colocar en un mismo volumen una serie de indagaciones y reflexiones en torno al Derecho penal internacional que he venido llevando a cabo en los últimos años y que abarcan temas permanentes en algunos casos pero novedosos (y diríase casi exóticos) en otros.

Los textos que se incluyen en este libro, además, se encontraban dispersos en libros colectivos y otros incluso estaban todavía inéditos, por lo que era pertinente reunirlos y facilitar de esa manera su consulta por parte de los interesados en esta apasionante materia.

Así, encontrarán los lectores de este libro el análisis de temas como la responsabilidad de los superiores conforme a las previsiones del artículo 28 del Estatuto de la Corte Penal Internacional (también conocido como Estatuto de Roma); una evaluación crítica de la Conferencia de Revisión del Estatuto en 2010, en Kampala; el proceso de implementación o integración todavía pendiente del Estatuto en Venezuela; el entendimiento, como presupuesto procesal, del principio de complementariedad que rige a la Corte

Penal Internacional; el rol del Estatuto como mecanismo promotor del propio Derecho penal internacional en el ámbito nacional; y finalmente, un estudio de los conflictos armados y los crímenes de guerra desde el ámbito de las constelaciones familiares.

Se espera, entonces, que estas reflexiones permitan a quienes se acercan a ellas seguir profundizando en el conocimiento del Derecho penal internacional y pensar en temas bastante concretos pero que tienen a pesar de ello un impacto en el propio desarrollo e impulso de esta rama del Derecho de tanta actualidad y que despierta en muchos estudiantes de Derecho y abogados un gran interés.

Contenido temático

Precisiones acerca de la responsabilidad de los superiores en el Estatuto de la Corte Penal Internacional

I. Introducción

II. La regulación del artículo 28 del Estatuto de la Corte Penal Internacional

III. Los requisitos de la responsabilidad del superior en el Estatuto de Roma

IV. Referencias bibliográficas

El Derecho penal internacional en el ordenamiento jurídico venezolano: desarrollo y perspectivas

El principio de complementariedad como presupuesto procesal del procedimiento ante la Corte Penal Internacional

I. Nociones previas

II. Los denominados presupuestos procesales

III. El presupuesto procesal de complementariedad

Crímenes de guerra, conflictos armados y constelaciones familiares

(La configuración del tejido social antes, durante y después de una guerra)

Sobre algunos aspectos que debieron modificarse en la Conferencia de Revisión del Estatuto de la Corte Penal Internacional (Una evaluación crítica)

Una propuesta venezolana de implementación del Estatuto de la Corte Penal Internacional

El Estatuto de Roma como mecanismo promotor del Derecho penal internacional en el ámbito de las jurisdicciones locales

I. Introducción

II. El derecho internacional y los procesos de integración

III. La integración del Estatuto de Roma en las jurisdicciones locales

IV. Resumen

Índice

Precisiones acerca de la responsabilidad de los superiores en el
Estatuto de la Corte Penal Internacional

I. Introducción

El Derecho penal internacional, desde que en 1998 se adoptara en Roma el Estatuto de la Corte Penal Internacional, se encuentra en el epicentro de la atención de muchos de los que dedican su estudio a diversas ramas del Derecho, las cuales se encuentran ciertamente vinculadas con esta disciplina jurídica, que toma cada vez más fuerza: el Derecho internacional, el Derecho penal, el Derecho internacional humanitario así como el denominado Derecho de los Derechos Humanos. Tal atención es sin duda comprensible por cuanto es a partir de ese momento histórico que puede hablarse de la existencia de un verdadero Derecho penal internacional que cuenta finalmente con un tratado internacional de carácter multilateral que lo contiene de manera integral (pues tipifica crímenes internacionales, consagra las formas de responsabilidad por tales crímenes y establece el proceso que ha de seguirse para imponer la pena a quienes corresponda), así como porque sólo desde entonces se tiene a un específico órgano jurisdiccional internacional encargado de aplicar las normas que lo conforman, como lo es la creada Corte Penal Internacional, con sede en La Haya, Países Bajos, y que se pusiera en marcha formalmente en el año 2003, luego de entrar en vigor su Estatuto el día 1° de julio del año 2002, al haberse reunido un total de sesenta (60) ratificaciones, tal y como se exigía para los mencionados fines, y habiéndose superado, desde el año 2005, el número hito de las cien (100) ratificaciones, incluida entre ellas la del Estado venezolano, lo que evidencia el importante respaldo y acuerdo existente en torno a la necesidad de este instrumento internacional.

Ahora bien, en el presente análisis se ha querido abordar una temática que resulta de especial relevancia para el Derecho penal internacional, como lo es la responsabilidad de los superiores a la luz del Estatuto de la Corte Penal Internacional, para lo cual, sin embargo, se considera necesario analizar sucintamente algunos aspectos introductorios para obtener una mejor comprensión de la cuestión bajo estudio.

Así, es imprescindible, antes de pasar al punto central de estas reflexiones, señalar que el Derecho penal internacional se configura en la actualidad como una disciplina jurídica o un sector del Derecho, en el que, como su denominación lo indica, confluyen tanto el Derecho penal como el Derecho internacional, debiendo decirse, en cualquier caso, que tiene un carácter eminentemente punitivo, puesto que en definitiva se trata de la descripción de conductas a las que se denomina crímenes internacionales y la asignación de sanciones penales a quienes incurran en tales comportamientos, por lo cual se puede afirmar que se trata de ofrecer protección a determinados bienes jurídicos y castigar a quienes afecten dichos bienes jurídicos, algo que, en el ámbito interno o doméstico, es llevado a cabo justamente por el Derecho penal cuyas normas, igualmente, tipifican delitos y establecen penas.

En este orden de ideas, y siguiendo la definición que se ofreciera en otra oportunidad, puede sostenerse que el Derecho penal internacional es *"aquel sector del ordenamiento jurídico que se compone de normas punitivas internacionales, que tipifican crímenes, establecen penas y determinan la responsabilidad penal de los individuos, con el objeto de salvaguardar los más vitales bienes jurídico-penales de la humanidad, ante la posible impunidad de su lesión"*[1], definición ésta que reafirma el carácter punitivo que tiene el Derecho penal internacional.

Así las cosas, es imperativo advertir que, tratándose de normas que tipifican crímenes internacionales y amenazan la comisión de los mismos con una pena, principalmente privativa de libertad, debe tenerse especial precaución en la aplicación de las mismas, como quiera que se debe evitar la arbitrariedad y la violación de garantías fundamentales a la hora de pretenderse el

---

[1] RODRÍGUEZ MORALES, Alejandro J. *La Corte Penal Internacional. Complementariedad y competencia.* Pág. 26. Vadell Hermanos Editores. Caracas, Venezuela. 2005.

castigo de una persona, siendo que, de lo contrario, se sujetaría a cualquier ciudadano a la incertidumbre y al desconocimiento de sus derechos, pudiendo llegar a vulnerarse nada más y nada menos que la libertad, y teniendo que decirse en cuanto a ello que, ciertamente, la libertad, después de la vida, es lo más sagrado que puede tener un ser humano y sin ella la vida social resultaría impensable.

Por tal motivo es que el Derecho penal internacional actual ha tomado directamente del Derecho penal doméstico o interno, una serie de principios fundamentales que han de ser respetados también en ese ámbito, por lo que el conocimiento de la dogmática penal, concretamente, de lo que se conoce como la "parte general" del Derecho penal, cobra especial relevancia para esta disciplina jurídica, siendo que muchos de sus conceptos han sido trasladados a la misma.

Esto, por su parte, puede constatarse en la propia evolución histórica del Derecho penal internacional, que en alguna medida ha sido la historia del ensayo y el error, y de allí que la conformación actual del mismo sea reflejo en diversos aspectos de las críticas formuladas a experiencias previas de justicia penal internacional, paradigmáticamente y como hito de tales antecedentes, los juicios llevados a cabo en el Tribunal Militar Internacional de Nüremberg tras la Segunda Guerra Mundial, que fueron sometidos a la crítica por vulnerar determinados principios penales fundamentales en el castigo de los grandes criminales de guerra nazis (entre tales principios, de manera insistente, el de la irretroactividad de las normas penales, y desde el punto de vista procesal, la garantía a ser juzgado por un juez natural e imparcial).

Precisamente el desarrollo del Derecho penal internacional ha tenido que lidiar con esas críticas, por lo demás acertadas si no quiere configurarse un "Derecho" que no conozca de limitaciones y garantías, lo que ha incidido en que el instrumento más importante en el momento presente sobre Derecho penal internacional, a saber, el Estatuto de la Corte Penal Internacional, esté concebido desde una perspectiva garantista, respetuosa de los principios penales fundamentales, que ha tomado para sí, dedicando en tal virtud todo un conjunto de disposiciones a los mismos (así, la Parte III, cuya denominación es "De los principios generales del Derecho Penal").

En este orden de ideas, entonces, debe decirse en estas líneas introductorias que, como parte de esa idea de limitación del poder penal que debe ir inherente a toda normativa punitiva (y el Derecho penal internacional, según se ha dicho, tiene ese carácter), se encuentra la necesidad de contar con una actividad científico-dogmática que permita desentrañar el sentido de las normas, poniendo de relieve, por ejemplo, los elementos que debe reunir un comportamiento para que pueda ser calificado efectivamente como un crimen internacional, puesto que la sola norma no es suficiente para ello y no se explica por sí sola, con lo que el instrumental teórico de la denominada teoría del delito, desarrollada ampliamente en el Derecho penal doméstico o interno, es de suma utilidad también para el Derecho penal internacional.

En el marco de esa construcción teórica que es la teoría del delito aparece el tema de la responsabilidad de los superiores a la luz del Estatuto de la Corte Penal Internacional, la cual es objeto central de estas reflexiones y que necesariamente tendrá que ser analizada desde el prisma de la teoría del hecho punible, a los fines de comprender de una mejor manera sus perfiles.

II. La regulación del artículo 28 del Estatuto de la Corte Penal Internacional

Es así como siendo parte de la ordenación de la responsabilidad penal individual que hace el Estatuto de la Corte Penal Internacional (en lo adelante, el Estatuto), destaca por su relevancia la denominada responsabilidad de mando o responsabilidad del superior, estableciéndose en este instrumento una regulación que ha querido estudiarse con algún detenimiento en este breve trabajo al respecto.

En efecto, en el artículo 28 del Estatuto se consagra la responsabilidad penal de los superiores, debiendo subrayarse que la intervención de éstos resulta frecuente en este tipo de crímenes en virtud de la magnitud y la organización, más o menos compleja, que se requiere para su comisión. En tal sentido, es pertinente recordar que los crímenes internacionales son llevados a cabo, por lo general, a expensas o al amparo de los aparatos estatales, de forma tal que en muchas ocasiones se constata un papel protagónico de personas que tienen a otras bajo su mando o autoridad (incluyendo, aún más, a Jefes de Estado o de gobierno), resultando por ello imperioso que se establezca su responsabilidad cuando tales crímenes son ejecutados, no de propia mano por ellos mismos sino en la mayoría de los casos por quienes se encuentran en los rangos jerárquicos inferiores, esto es, bajo su mando o autoridad.

Esta responsabilidad de mando o responsabilidad de los superiores, en tal virtud, ha sido materia de interés para el Derecho penal internacional incluso desde sus primeros y remotos antecedentes, como quiera que se ha puesto de manifiesto la intervención decisiva de superiores, primeramente militares pero posteriormente también civiles, en la ejecución de actos constitutivos de verdaderos crímenes internacionales, especialmente en el marco de conflictos armados, ya sean éstos internacionales o no internacionales (predominando estos últimos desde la segunda mitad del siglo XX).

De esta manera, es propicio recordar en este punto que la idea de constituir un tribunal penal internacional *ad hoc* en el año 1474, tenía como fundamento la intención de declarar la responsabilidad penal de Peter Von Habenbach, quien precisamente comandó la ejecución de diversas acciones criminales al sitiar la ciudad de Breisach. Es de esta forma como, ya desde aquel tiempo remoto, la responsabilidad del superior ha sido de trascendencia para el Derecho penal internacional, a lo que se suma el hecho de que en éste carezca de toda validez eximente el cargo oficial que pueda ostentar en un momento dado la persona, lo que permite que superiores civiles y militares puedan ser castigados por los crímenes internacionales que hayan cometido.

Es pertinente también en este sentido destacar que en la actualidad la responsabilidad de los superiores es plenamente aceptada y ha sido reconocida expresamente en diversas oportunidades; así, tal responsabilidad se encuentra consagrada, entre otros instrumentos internacionales, en la Convención (IV) de La Haya de 1907 (artículo 1 del Reglamento), el Proyecto de Código de Crímenes contra la Paz y la Seguridad de la Humanidad (artículo 6), así como en los Estatutos de los Tribunales Penales Internacionales para la ex Yugoslavia (artículo 7.3) y Ruanda (artículo 6.3), evidenciándose la relevancia de este tipo de responsabilidad en el Derecho penal internacional.

Ahora bien, resulta importante aclarar que los superiores pueden ser penalmente responsables bien por ordenar la ejecución de los crímenes, es decir, por una conducta activa (a lo que se alude en el subparágrafo b del artículo 25.3, aunque de forma innecesaria respecto a este supuesto); bien por no evitar la ejecución de los mismos por sus subordinados o no haber ejercido un control apropiado sobre éstos, es decir, por una conducta omisiva (conforme al artículo 28 objeto central de estas reflexiones); de manera que la responsabilidad del superior puede generarse tanto por acción como por omisión.

En el caso de la responsabilidad por acción (o comisión) del superior, por haber ordenado que los crímenes sean ejecutados por sus subordinados, es preciso hacer referencia a la denominada autoría mediata por dominio de la voluntad en virtud de aparatos organizados de poder, como construcción teórica en materia de autoría y participación que da lugar a responsabilizar al superior como autor mediato de los crímenes perpetrados por los subordinados.

En efecto, esta modalidad de dominio del hecho ha cobrado notoriedad al ser utilizada por la jurisprudencia para hacer penalmente responsables a los superiores jerárquicos que se valen de un aparato organizado de poder para concretar los crímenes mediante sus inferiores, quienes se constituyen como instrumentos de los mismos con tal finalidad.

Los superiores civiles y militares, entonces, pueden aparecer como autores mediatos de los crímenes internacionales ejecutados por sus subordinados en el marco de una maquinaria articulada que es la que hace posible su comisión sin necesidad de dejar en manos de los perpetradores directos la decisión autónoma de llevar a cabo la acción delictiva, lo que fundamenta que quien tiene el dominio del hecho es precisamente el superior, quien tiene a sus órdenes o bajo su mando a uno o más subordinados.

La doctrina del dominio de la voluntad en virtud de aparatos organizados de poder fue explicada y sistematizada por ROXIN, quien luego vería reflejada su influencia en diversas decisiones jurisprudenciales, incluso de reciente data, que han mantenido tal criterio al conocer de la responsabilidad de los superiores en diferentes casos.

Así, una de las principales decisiones judiciales que han recurrido a esta modalidad del dominio del hecho es la recaída en el denominado Caso *Eichmann*, dictada por el Tribunal Regional de Jerusalén, y en la que se dejó señalado que "*es la estructura de la maquinaria, que sigue funcionando con independencia de la pérdida del individuo, lo que hace que se destaque al comportamiento de los sujetos de detrás con respecto a la inducción, entrañando la autoría*"[2], poniéndose de relieve de esta forma que lo esencial en el dominio de la voluntad en virtud de aparatos organizados de poder es precisamente la fungibilidad de quienes sirven de instrumentos de los crímenes, esto es, los subordinados con los que se cuenta para la perpetración de los crímenes desde arriba; así, por ejemplo, si un soldado se niega a cumplir la orden de disparar, otro puede hacerlo, puesto que la existencia de la maquinaria organizada hace que dé lo mismo quién ejecuta finalmente la orden del superior.

Otro caso relevante de la jurisprudencia que se ha servido de la doctrina del dominio de la voluntad en virtud de aparatos organizados de poder ha sido el de los *Comandantes de las Juntas Militares*, conocido por la Cámara Federal del Crimen de Argentina en 1985. Al decidir, el tribunal argentino entendió que *"el ejecutor de los hechos pierde relevancia, pues el dominio de quienes controlan el sistema sobre la consumación de los hechos que han ordenado es total"*[3], condenándose a los comandantes procesados en calidad de autores mediatos de los hechos juzgados.

Por último, una importante decisión, aún más reciente que las indicadas, en la cual se hizo uso igualmente de la doctrina del

---

[2] Según se reseña en ROXIN, Claus. *Autoría y dominio del hecho en Derecho penal*. Pág. 271. Marcial Pons Ediciones Jurídicas. Madrid, España. 1998.
[3] DONNA, Edgardo Alberto. *La autoría y la participación criminal*. Pág. 41. Rubinzal-Culzoni Editores. Buenos Aires, Argentina. 1998.

dominio de la voluntad en virtud de aparatos organizados de poder fue la pronunciada por la Corte Suprema de Justicia de la República del Perú en el caso *Fujimori*, en fecha 7 de abril de 2009, la cual fundamentó concretamente la condena de Alberto Fujimori como autor mediato de crímenes de lesa humanidad, indicando que éste *"ocupó la posición más alta en el nivel estratégico del Estado en general y del Sistema de Defensa Nacional en particular"*, lo que añade que desde esa posición *"ejerció ostensible poder de mando para la conducción política y militar directas de las estrategias de enfrentamiento contra las organizaciones subversivas terroristas que actuaban en el país desde inicio de la década de los ochenta"*. A su vez, dicha sentencia afirma que *"en todos los delitos sub judice la condición fungible de los ejecutores así como su disposición al hecho y su no relación directa ni horizontal con el acusado, posibilitan afirmar la posición de autor mediato de éste como ente central con poder jerárquico de dominio sobre el aparato de poder, cuyo automatismo conocía y podía controlar a través de sus mandos intermedios"*.

Por su parte, se hace necesario reiterar en este punto que cuando el subparágrafo b del artículo 25.3 del Estatuto señala que será penalmente responsable quien *ordene* la comisión de los crímenes, lo hace innecesariamente en lo que atañe a la responsabilidad del superior que imparte una tal orden, toda vez que ello se trata de una verdadera modalidad de la autoría mediata, ya

20

prevista en el subparágrafo a del mismo artículo, pues resulta evidente que, por ejemplo, el comandante que ordena a su subordinado dar muerte a una persona, aparece como autor mediato de dicho crimen.

No obstante esto, cabe advertir la existencia de hipótesis en las que, aunque la persona ordena que se cometa el crimen, no es posible afirmar su autoría mediata en el hecho; así ocurre en los denominados delitos de propia mano tales como la violación, que, valga acotar, aparece prevista en el subparágrafo g del artículo 7.1 del Estatuto como una de las modalidades de los crímenes de lesa humanidad. De esta manera, tiene sentido el que se haya previsto la responsabilidad penal de quien ordena la comisión de un crimen internacional, como lo ha hecho el Estatuto, advirtiéndose en todo caso que, en cuanto a los superiores, éstos pueden responder tanto por haber dado la orden como por constituirse en autores mediatos del crimen cometido[4].

Debe observarse, a su vez, que el Estatuto de Roma ciertamente es compatible con la doctrina del dominio de la voluntad en virtud de aparatos organizados de poder, como quiera que el

---

[4] Afirmando que *"es un acierto del Estatuto la mención de la orden como forma de participación"*, véase a RODRÍGUEZ-VILLASANTE Y PRIETO, José Luis. *Aspectos penales del Estatuto de la Corte Penal Internacional.* En ESCOBAR HERNÁNDEZ, Concepción (Ed.). *Creación de una jurisdicción penal internacional.* Pág. 140. Colección Escuela Diplomática. No. 4. Madrid, España. 2000.

subparágrafo a del artículo 25.3 señala expresamente que se considera responsable a quien cometa un crimen de competencia de la Corte *"por conducto de otro, sea éste o no penalmente responsable"*, lo que significa que, aunque el instrumento utilizado (la persona que aparece como autor directo del crimen) sea, como en efecto es, responsable, no por ello puede dejar de considerarse la autoría mediata de quien se sirve de aquél para la comisión del crimen, características esta que solamente se verifica en los casos en que dicha modalidad de autoría se establezca de acuerdo con la precitada doctrina de los aparatos organizados de poder, puesto que, como es bien sabido, normalmente el instrumento del que se sirve el autor mediato (por ejemplo, en el dominio de la voluntad por coacción o por utilización de inimputables), carece de responsabilidad penal por el hecho ejecutado.

Prosiguiendo con el tema de la responsabilidad de los superiores, debe pasarse a analizar brevemente el supuesto regulado en el artículo 28 del Estatuto, que es el que propiamente se conoce en la doctrina como *"command responsability"* (responsabilidad de comando), denotando su origen militar, y que aparece como una responsabilidad por omisión, como se verá de inmediato.

Ciertamente, la responsabilidad de los superiores a que hace referencia el artículo 28 del Estatuto se configura, no por ejercer un dominio de la voluntad y aparecer en consecuencia como autor

22

mediato de los crímenes perpetrados, sino cuando el superior no ejerce un control apropiado sobre las fuerzas bajo su autoridad y control efectivo, cometiéndose crímenes de la competencia de la Corte por parte de las mismas.

De esta manera, y a la luz de la disposición indicada, como señala AMBOS, *"el concepto parece crear, por una parte, una responsabilidad* directa *por la ausencia de supervisión, y por la otra, una responsabilidad* indirecta *por las conductas delictivas de otros"*[5], como lo son sus subordinados, por lo que es necesario distinguir esos dos tipos de responsabilidad (directa e indirecta) a efectos de no incurrir en confusiones al respecto, especialmente por cuanto hay que observar críticamente esa especie de responsabilidad indirecta que podría endilgársele a un superior civil o militar en un supuesto dado.

Se ha dicho antes que la responsabilidad del superior, conforme al artículo 28, se desprende de un comportamiento omisivo, como lo es la falta de control adecuado sobre las fuerzas subordinadas. Ahora bien, al ser una responsabilidad por omisión, es necesario advertir que, a diferencia de la responsabilidad por acción o comisión del superior, no se trata ya de un supuesto de autoría

---

[5] AMBOS, Kai. *La responsabilidad del superior en el derecho penal internacional*. En AMBOS, Kai (Coordinador). *La nueva justicia penal supranacional. Desarrollos post-Roma*. Pág. 159. Editorial Tirant Lo Blanch. Valencia, España. 2002.

mediata, como quiera que en las omisiones no es posible esta forma de autoría, al no existir el impulso que mueve al instrumento a cometer el crimen que se ha proyectado el hombre de atrás[6], de modo que lo que realmente se verifica es la autoría directa por la específica omisión castigada por el tipo penal, lo que ya deja entrever que en el presente análisis se considera ciertamente inadmisible la idea de una responsabilidad indirecta de los superiores, esto es, la posibilidad de endilgarle a éstos los crímenes cometidos por sus subordinados, lo que podría llevar a resultado indudablemente inadmisibles (entre ellos, por ejemplo, imputarle al superior el crimen de genocidio perpetrado por los subordinados, a pesar de estar ausente en el mismo el dolo requerido para que pueda hablarse de genocidio, siendo un delito de intención o de tendencia interna trascendente que requiere, en tal virtud, la verificación de un dolo especial[7]).

La responsabilidad directa de los superiores, de este manera, se verificaría en todo caso en virtud del incumplimiento del deber de mando o autoridad en lo que respecta al control adecuado de las fuerzas subordinadas, por lo que en verdad se trata de una omisión propia, al encontrarse tal deber previsto en las normas pertinentes y haciéndose responsable al superior que incumpla con el mismo

---

[6] A este respecto puede consultarse a ROXIN, Claus. *Autoría y dominio del hecho en Derecho penal*. Op. cit., págs. 509 y siguientes.

[7] Tal y como se indicara ya en RODRÍGUEZ MORALES, Alejandro J. *La Corte Penal Internacional. Complementariedad y competencia*. Op. cit., pág. 136.

directamente, tal y como ocurre, para colocar un ejemplo sencillo, en la omisión de socorro, en que se hace responder a quien encontrando a una persona herida haya omitido la prestación de su ayuda a esa persona, incumpliendo así con el deber de socorro impuesto directamente por la ley en tal hipótesis.

Debe observarse, de cualquier manera, que se ha discutido si la responsabilidad de los superiores que se encuentra prevista en el tantas veces referido artículo 28 del Estatuto, se atiene a la estructura de las omisiones propias o si, por el contrario, podría afirmarse que se trata de una responsabilidad en virtud de una omisión impropia o comisión por omisión.

En relación con tal interrogante, puede apuntarse en la presente contribución que en el caso de la comisión por omisión u omisión impropia, lo que ocurre es que, como su denominación indica, se equipara la omisión de una persona que ostenta una determinada posición de garante con la comisión o perpetración activa del delito, es decir, como si lo hubiere realizado mediante una acción, cuando en realidad lo que ha hecho es omitir algo, concretamente evitar el resultado delictivo que estaba obligado a garantizar que no se produjera (y de allí el famoso ejemplo de la manualística penal en el cual la madre de un recién nacido omite alimentarle, ocasionándole así la muerte, con lo que se le imputaría un homicidio en comisión por omisión, siendo decisivo el resultado que se verifica en la realidad, lo que incluso hace que pueda hablarse de omisiones resultativas, puesto que se requiere la producción de un resultado, a saber, el que normalmente se produciría con el actuar positivo o comisivo).

En el caso concreto de la responsabilidad de los superiores conforme al artículo 28 del Estatuto de la Corte Penal Internacional, no se trata de equiparar la omisión de estos a una acción concreta, porque de hecho no se está comparando su conducta omisiva con ningún tipo penal en concreto que pueda admitir su comisión por omisión, sino que lo relevante, lo que genera su responsabilidad penal, es precisamente una omisión propia, a saber, la de no controlar a los subordinados o personas bajo su mando o autoridad.

Por supuesto que dicha omisión del deber de control por parte del superior puede manifestarse de diversas formas, a saber, por no impedir que los subordinados cometan crímenes o no prevenir éstos, por no reprimir los mismos en caso de que ya hayan sido perpetrados los crímenes, o por no poner el asunto en conocimiento de las autoridades competentes.

Adicionalmente, es relevante decir que la perpetración de crímenes por parte de los subordinados o persona bajo el mando o autoridad del superior, es únicamente un elemento que permite evidencia la omisión de control apropiado por parte del superior, pero no hace parte del tipo penal, pues incluso puede darse el caso de que el superior al menos logre reprimir a los subordinados por los crímenes, ejerciendo el efectivo control sobre los mismos, por haber sido imposible la prevención de dichos crímenes.

Tal afirmación reitera entonces que la responsabilidad del superior conforme al tantas veces referido artículo 28 es directa, nunca indirecta, es decir, no se le imputan al superior los crímenes que son eventualmente cometidos por los subordinados o personas bajo su mando o autoridad, pues ello lo que permite es únicamente poner de manifiesto que se ha omitido el control apropiado.

De no entenderse así esta modalidad de responsabilidad de los superiores, podría llegarse al absurdo de endilgarse responsabilidad penal a estos por el hecho de sus subordinados, violándose en tal virtud el principio de culpabilidad y, concretamente, la no trascendencia de la pena y la proscripción de una responsabilidad objetiva.

Al mismo tiempo, podría arribarse a conclusiones contrarias a la esencia de los crímenes internacionales tipificados en el Estatuto de la Corte Penal internacional, especialmente el crimen de genocidio, toda vez que el mismo requiere, para configurarse en cuanto tal, de un dolo especial (*dolus specialis*) por parte de quien realiza las acciones genocidas, así, la intención de destruir total o

27

parcialmente a un grupo nacional, étnico, racial o religioso. En este sentido, si se admitiera una responsabilidad de los superiores por el hecho de sus subordinados (es decir, imputando a aquellos los crímenes perpetrados por estos), se abriría la posibilidad de castigar por genocidio a quien no ha tenido el indicado dolo especial, sino que simplemente ha sido negligente en el control de sus subordinados o personas bajo su mando o autoridad, siendo que, además de configurarse como una responsabilidad en omisión propia, es a su vez, como se verá de seguidas, una responsabilidad de naturaleza culposa o imprudente.

En efecto, cabe afirmar igualmente que la responsabilidad de los superiores conforme al artículo 28 aparece como una responsabilidad a título de culpa o negligencia, ya que se trata precisamente de la falta de control adecuado o diligente de las fuerzas bajo el mando o la autoridad correspondiente, de manera que se configura un comportamiento negligente por parte del superior. Ciertamente, en este tipo de responsabilidad del superior se verifica la ausencia de una supervisión apropiada, lo que permite a los inferiores llevar a cabo los crímenes sin obstáculos ni consecuencias pues, como se verá, el superior tiene el deber, conformándose de tal modo ese control adecuado exigido, de prevenir o reprimir tales conductas criminales realizadas por las fuerzas bajo sus órdenes. Se trata, en definitiva, de una responsabilidad culposa, lo que aparece ciertamente como una excepción en lo que respecta a la responsabilidad por crímenes de competencia de la Corte que, salvo por este supuesto, es de carácter doloso.

Confirmando el deber que tienen los superiores en este ámbito, cuyo incumplimiento les acarrea responsabilidad penal, como se ha dicho ya, es importante observar que el artículo 87 del Protocolo Adicional I de 1977 a los Convenios de Ginebra, establece con meridiana claridad que se exigirá a los jefes militares, en cuanto se refiere a los miembros de las fuerzas armadas que están a sus órdenes y a las demás personas que se encuentran bajo su autoridad, que impidan las infracciones del Derecho internacional humanitario, imponiendo el deber a los mismos superiores de tomar las medidas necesarias para impedir esas infracciones y, en caso necesario, promover acciones disciplinarias o penales contra los autores de las mismas[8]. A su vez, el artículo 86 del mismo instrumento responsabiliza a los superiores por no impedir o reprimir la conducta ilegal de sus subordinados. De este modo, pues, se evidencia el fundamento normativo del deber de los superiores, cuyo incumplimiento por negligencia deriva en responsabilidad de acuerdo con el Derecho penal internacional.

---

[8] El texto puede ser consultado en ORIHUELA CALATAYUD, Esperanza (Edición a cargo de). *Derecho Internacional Humanitario. Tratados internacionales y otros textos*. Pág. 433. Editorial McGraw-Hill. Madrid, España. 1998.

Prosiguiendo con la cuestión de la responsabilidad de mando como responsabilidad culposa o por negligencia, es importante entrar a considerar si es posible aceptar la misma en cuanto tal, particularmente por la naturaleza dolosa de los crímenes competencia de la Corte, y si, a su vez, es posible afirmar la intervención de la justicia penal internacional respecto a conductas negligentes[9].

En cuanto a si se debe o no afirmarse la intervención de la jurisdicción penal internacional sobre comportamientos delictivos de naturaleza culposa, debe observarse que, en principio, ciertamente parece imperativo negar tal intervención, puesto que el Derecho penal internacional sólo debe ocuparse de las conductas criminales de mayor entidad y trascendencia para la humanidad, las cuales tienen un carácter evidentemente doloso, por lo que la responsabilidad del individuo en este ámbito debiera ser exclusivamente a título de dolo. No obstante esto, la responsabilidad de los superiores por falta de control diligente, se constituye, y debe constituirse, como una excepción en esta materia, ya que ciertamente la culpa o negligencia del superior en este supuesto es de tal gravedad que el Derecho penal internacional no puede quedarse de brazos cruzados, sino que debe actuar para prevenir y sancionar a

---

[9] Crítico en este sentido, SCHABAS, William A. *Principios generales del derecho penal*. En AMBOS y GUERRERO, Kai y Óscar Julián (Compiladores). *El Estatuto de Roma de la Corte Penal Internacional*. Pág. 298. Universidad Externado de Colombia. Santa Fe de Bogotá, Colombia. 1999.

aquellos superiores por su comportamiento negligente que hace posible la comisión de crímenes internacionales por parte de las fuerzas subordinadas. A su vez, hay que recordar que el Derecho penal internacional es complementario, por lo que intervendría ante la negligencia de los superiores cuando ésta no sea castigada por los sistemas nacionales, bien de carácter disciplinario, militar o jurídico-penal.

De otra parte, en lo que corresponde a la posibilidad de admitir la responsabilidad culposa de los superiores aunque los crímenes competencia de la Corte exigen el dolo, debe observarse que la argumentación esgrimida para negar dicha posibilidad resulta en un desacierto. En efecto, el hecho de que los crímenes que puede conocer la Corte, y que cometerían en el supuesto caso los subordinados, sean dolosos, no implica que no pueda hacerse responder al superior civil o militar por su negligencia en el control de tales subordinados, puesto que una tal responsabilidad, como se explicado líneas atrás, debe entenderse como directa, ya que una responsabilidad indirecta, en la que se imputaran al superior los crímenes de los subordinados, es evidentemente inadmisible; es por ello que en el presente análisis se considera que esa denominada responsabilidad indirecta es insostenible y sólo puede hablarse de una responsabilidad directa del superior por la ausencia de supervisión adecuada de los inferiores bajo su mando o autoridad, es decir, por su negligencia, siendo entonces una responsabilidad culposa que nada tiene que ver con la exigencia de dolo respecto a los crímenes competencia de la Corte y que podrían cometer los subordinados en un caso dado.

A la luz de lo antedicho, debe admitirse la responsabilidad penal por negligencia de los superiores y debe considerarse como inaceptable una responsabilidad indirecta de los mismos en que se imputen a estos los crímenes cometidos por sus subordinados ya que, como lo comprende la doctrina penal mayoritaria que aquí se comparte, la responsabilidad penal es personal y el injusto, necesariamente, tiene que vincularse en forma personalizada al autor del crimen[10], pudiendo recordarse asimismo el llamado principio de no trascendencia de la pena, conforme al cual no puede infligirse ésta más que a la persona culpable del hecho punible[11].

III. Los requisitos de la responsabilidad del superior en el Estatuto de Roma

Una vez formuladas algunas consideraciones generales, debe pasarse al análisis concreto de los extremos previstos en el artículo 28 del Estatuto para que pueda ser declarada la responsabilidad penal

---

[10] En este sentido véase, por todos, a ZAFFARONI, ALAGIA y SLOKAR, Eugenio Raúl, Alejandro y Alejandro. *Derecho penal. Parte general*. Pág. 620. Ediar. Buenos Aires, Argentina. 2000.

[11] RODRÍGUEZ MORALES, Alejandro J. *Constitución y Derecho penal. Un análisis de las disposiciones constitucionales con incidencia en el ámbito jurídico-penal*. Pág. 38. Ediciones Líber. Caracas, Venezuela. 2001.

de los superiores, debiendo indicarse en primer término que la mencionada disposición ha establecido no sólo la responsabilidad de los superiores y jefes militares (artículo 28.1), sino que también se ha consagrado la responsabilidad de los jefes y otros superiores civiles (artículo 28.2), lo que es trascendental puesto que muchas veces no son militares quienes dirigen o están al frente de la comisión de los crímenes sino precisamente civiles, es decir, personas que no pertenecen a la jerarquía castrense, mayormente, agentes del Estado.

En efecto, el Estatuto de Roma constituye el afianzamiento de la doctrina de la responsabilidad de los superiores respecto a la cual se ha venido insistiendo, por ejemplo en el caso *U.S. vs. Pohl et al*, entre otros, en incluir a los jefes y superiores civiles, no limitando o restringiendo esta responsabilidad al ámbito militar, que sin embargo fue el que dio lugar a esta figura jurídica, y de allí que se hablara comúnmente de "responsabilidad de mando", aludiendo justamente al comando de los superiores y jefes militares, de manera que la denominación en verdad acertada y coherente con la previsión del artículo 28 y la concepción actual es la de "responsabilidad de los superiores", ya que éste término tiene una amplitud suficiente para incluir a los civiles.

En ese mismo sentido, cabe señalar que el propio Tribunal Militar Internacional para el Lejano Oriente o Tribunal de Tokio se pronunció acerca de la responsabilidad penal de los superiores civiles al considerar los cargos contra el Ministro de Relaciones Exteriores japonés para la época, Koki Hirota, encontrando que éste era culpable de haber incumplido su deber legal de tomar los pasos adecuados para asegurar la observancia y prevenir las infracciones de las leyes de la guerra, afirmando que fue negligente en sus obligaciones al no insistir ante el Gabinete gubernamental que se tomaran acciones inmediatas para poner fin a las atrocidades, concluyendo de tal forma que su inacción constituyó negligencia criminal[12], evidenciándose de esta manera la importancia de la responsabilidad de los superiores, no sólo militares, sino también civiles, por cuanto en muchos casos es en ellos en quienes recae el deber de impedir o reprimir la comisión de crímenes internacionales por parte de las personas que se encuentran bajo su autoridad.

De otra parte, se hace necesario observar que el artículo 28 del Estatuto distingue en cuanto a los requisitos exigidos para que se configure la responsabilidad penal del superior, dependiendo de que se trate de superiores y jefes militares, por un lado, o de superiores y demás jefes civiles, por el otro, toda vez que se quiso hacer más estricto el umbral de responsabilidad de estos últimos, particularmente en lo atinente al elemento subjetivo o *mens rea*,

---

[12] Este aporte de la jurisprudencia del Tribunal de Tokyo ha sido extraído de la sentencia recaída en el caso *Prosecutor vs. Delalic et al*, dictada por el Tribunal Penal Internacional para la ex-Yugoslavia en fecha 16 de noviembre de 1998 (párrafo 357), la cual hace referencia al mismo.

cuestión que fuera objeto de debate en los trabajos de proyección de este instrumento, llegándose finalmente a la regulación contenida en el mencionado artículo, sobre lo que se volverá posteriormente en el presente análisis.

Es imperativo referirse en este momento a los elementos comunes a la responsabilidad de los superiores tanto militares como civiles, de acuerdo a lo previsto en el artículo 28 y tomando en cuenta particularmente los pronunciamientos jurisprudenciales de los Tribunales Penales Internacionales para la ex-Yugoslavia y Ruanda, que constituyen un importante aporte al respecto, no sin antes recordar que, en lo que toca al elemento de intencionalidad debe hacerse una distinción dependiendo si se trata de superiores militares o civiles. En cuanto a los aspectos comunes o esenciales de la responsabilidad de los superiores, valga acotar, puede distinguirse, conforme al texto del mencionado artículo 28, entre el elemento objetivo (*actus reus*) y el subjetivo o intencional (*mens rea*), pasando a estudiárseles en ese orden.

De este modo, debe analizarse en primer lugar lo atinente a la definición de superior, esto es, el qué puede entenderse como tal, ya que de lo que se trata es justamente de determinar la responsabilidad de éste en virtud de su comportamiento negligente, valga decir, por no haber ejercido un control apropiado sobre sus subordinados, algo por lo que sólo puede hacerse responder precisamente a un superior, quien ostenta una posición de garante a ese respecto, la cual se deriva, como se ha visto ya, de esa obligación de supervisión o control adecuado, tal y como lo prevé el artículo 87 del Protocolo Adicional I a los Convenios de Ginebra anteriormente aludido.

Así, pues, se hace necesario estudiar el concepto de superior, para lo cual debe hacerse referencia a la existencia de una relación entre superior y subordinado, lo que constituye el primer requisito de la responsabilidad de los superiores, siendo confirmado esto por la jurisprudencia penal internacional; como puede observarse, por ejemplo, en las sentencias *Prosecutor vs. Kunarac* (párrafo 395), de fecha 22 de febrero de 2001 y *Prosecutor vs. Stakic* (párrafo 457), de fecha 31 de julio de 2003, ambas dictadas por el Tribunal Penal Internacional para la ex-Yugoslavia. De esta manera, hay que verificar en primer lugar que la persona de que se trate tenga bajo sus órdenes o autoridad a uno o varios subordinados, esto quiere decir, que se tenga control sobre éstos, constatándose así la existencia de un vínculo jerárquico que hace nacer en el superior el deber de supervisión de tales subordinados.

En cuanto a esa relación entre superior y subordinado, debe advertirse igualmente que no se requiere que la misma sea tal *de jure*, siendo suficiente con que *de facto* el superior tenga control efectivo de los subordinados, notándose que no siempre las cadenas de mando están legal o formalmente establecidas y que el hecho de haber sido nombrado comandante u otro cargo similar no implica necesariamente la existencia de ese control que determina la cualidad de superior. Para hablar de superior, entonces, se exige que la persona tenga el control efectivo de los subordinados, en el sentido de tener la capacidad material de prevenir o reprimir la comisión de los crímenes, tal y como lo han expresado las sentencias dictadas por el Tribunal Penal Internacional para la ex-Yugoslavia en los casos *Prosecutor vs. Delalic* (párrafo 354) y *Prosecutor vs. Blaskic* (párrafo 300), entre otras.

A su vez, y como ya ha sido asomado, hay que apuntar que la responsabilidad de los superiores no se encuentra restringida a los jefes militares o, en otros términos, a las autoridades de las fuerzas militares, sino que también se extiende a los jefes o autoridades civiles, siempre teniendo en cuenta la existencia del control efectivo al que ya se ha hecho referencia, toda vez que es esto, y no la jerarquía militar, lo que determina que una cierta persona sea considerada superior. Es por tal motivo que el Estatuto de Roma, acertadamente, y recogiendo el estado del Derecho consuetudinario y la jurisprudencia penal internacional, ha consagrado tanto la responsabilidad de los militares como la de los civiles.

Ahora bien, en donde puede apreciarse un menor consenso es en lo atinente a la determinación del grado de control que ha de tener la persona sobre los subordinados a efectos de considerarle como superior de los mismos y en consecuencia endilgarle responsabilidad penal por el incumplimiento de sus deberes frente a estos. En este sentido, se discute si debe tratarse de un control tal que permita el castigo de los subordinados o si ha de verificarse una supervisión directa de los mismos que permita prevenir la comisión de los crímenes, si basta con la existencia de una relación entre superior y subordinado, entre otras posiciones; en definitiva, existen diversas interpretaciones al respecto que varían en cuanto al nivel de exigencia, mayor o menor, en cuanto a los poderes que debe ostentar la persona para calificarle como superior y afirmar la existencia de control efectivo.

En la jurisprudencia penal internacional pueden encontrarse las distintas posiciones a las que se ha aludido para hacer penalmente responsables a los superiores por haber tenido el control efectivo de sus subordinados. El primer caso al respecto muestra el bajo nivel de exigencia que fue requerido en ese sentido, lo que ha provocado que se le dirijan diversas críticas al mismo; en efecto, en el caso *Yamashita* juzgado por la Comisión Militar de los Estados Unidos en 1945 se castigó al General del ejército japonés Tomoyuki Yamashita haciendo uso de un criterio sumamente laxo, puesto que, aunque el mismo se encontraba lejos de las fuerzas bajo su mando e incomunicado, se estableció que debía haber controlado las operaciones militares de dichas fuerzas para evitar las atrocidades que éstas cometieron en Manila y otras provincias; de modo que parece haberse propugnado la mera exigencia de una relación entre superior y subordinado.

Por su parte, en el caso *Roechling* conocido por el Tribunal Militar de la zona de ocupación francesa en Alemania, se afirmó que para declarar la responsabilidad del superior resulta suficiente la mera influencia *de facto*, es decir, el solo poder de influir en las decisiones, lo que constituye ciertamente un criterio mucho menos restrictivo, puyes basta con esa mera capacidad de influir, criterio que fuera igualmente adoptado en el caso *Hirota*, al que ya se ha hecho referencia en este trabajo.

La sentencia dictada por el Tribunal Penal Internacional para la ex Yugoslavia en el caso *Prosecutor vs. Aleksovski* (párrafo 78), no obstante, es bastante esclarecedora. Efectivamente, en la misma se advierte que el poder jerárquico constituye la verdadera base de la responsabilidad de los superiores, por lo que lo primero que ha de verificarse es que el superior tenga autoridad.

El superior, entonces, debe tener la capacidad *de jure* o *de facto* de dar órdenes para prevenir la comisión del crimen y para sancionar a los perpetradores, subrayando que el poder de sancionar debe interpretarse de forma amplia, puesto que en el caso de los civiles se constata que los mismos carecen de poderes sancionatorios o disciplinarios similares a los que ostentan los superiores militares, por lo que la capacidad de imponer sanciones se considera no esencial. Lo que puede exigirse, en tal orden de ideas, es la posibilidad de transmitir reportes a las autoridades apropiadas a los efectos de que éstas promuevan una investigación e impongan, de ser el caso, la sanción correspondiente.

Otro de los requisitos para que se configure la responsabilidad de los superiores está constituido por el hecho de no haber adoptado todas las medidas necesarias y razonables a su alcance para prevenir o reprimir la comisión de los crímenes o para poner el asunto en conocimiento de las autoridades competentes a los efectos de su investigación y enjuiciamiento (artículos 28.1.b y 28.2.c del Estatuto de Roma). Efectivamente, se exige que el superior haya incumplido con tal deber por cuanto se entiende que una tal omisión raya en la negligencia criminal, pues ese incumplimiento es el que permite la comisión de los crímenes por parte de los subordinados.

En cuanto a este requisito hay que examinar entonces si el superior incumplió con el deber impuesto en el sentido indicado. En tal orden de ideas, no puede considerarse responsable al superior si éste cumple con alguna de las siguientes condiciones, enunciadas de forma alternativa y no concurrente: 1) Tomar las medidas necesarias y razonables para prevenir la comisión de los crímenes; 2) Tomar las medidas necesarias y razonables para reprimir la comisión de los crímenes; o 3) Poner el asunto en conocimiento de las autoridades competentes para su investigación y enjuiciamiento. Cualquiera de estas tres condiciones puede ser satisfecha por el superior para considerar que ha cumplido con su deber; y ello debe ser entendido así porque no siempre el superior tendrá la posibilidad de prevenir la comisión de los crímenes[13], pero en cambio es posible que pueda reprimirla; y en ocasiones quizá no pueda tampoco llevar a cabo esa función sancionatoria, pero en cambio pueda avisar a las autoridades competentes. Hay que observar, en cualquier caso, y como ha sido explicado en la sentencia dictada por el Tribunal Penal Internacional para la ex-Yugoslavia en el caso *Prosecutor vs. Blaskic* (párrafo 336), que no puede entenderse que se le otorga al acusado una serie de excusas facultativas para afirmar que ha cumplido con su deber como superior, por lo que habrá que analizar cada supuesto concreto; así, por ejemplo, si el superior sabía que sus subordinados cometerían los crímenes y no hizo nada para prevenir su comisión, será penalmente responsable, no pudiendo "arreglar las cosas" con la posterior sanción de tales subordinados.

Lo relevante de la conducta del superior frente a la comisión de los crímenes por parte de sus subordinados, a efectos de

---

[13] En cuanto a esto se ha dicho, con acierto, que *"sería ir demasiado lejos el imponer a los superiores la obligación, ya sea de descubrir o predecir la conducta de sus tropas, al menos que sea verosímil que los crímenes ocurran"*. Así, en AMBOS, Kai. *La responsabilidad del superior en el derecho penal internacional.* En AMBOS, Kai (Coordinador). *La nueva justicia penal supranacional. Desarrollos post-Roma.* Op. cit., pág. 214.

considerarla negligente, podría caracterizarse, entonces, como negligencia ante los crímenes, es decir, como especie de *laissez faire, laissez passer* (dejar hacer, dejar pasar), lo que evidentemente no puede ser admitido y por lo tanto ha de ser generador de responsabilidad. De este modo, tiene que verificarse, para que proceda la responsabilidad del superior, que éste no haya actuado conforme a su deber de prevenir, reprimir o denunciar, según se ha indicado.

Debe observarse asimismo que la disposición pertinente del Estatuto de Roma se refiere a la no adopción de las medidas "necesarias" y razonables", por lo que es importante determinar qué puede entenderse por tales, para lo cual puede suscribirse lo sostenido por el Tribunal Penal Internacional para la ex-Yugoslavia en la sentencia proferida en el caso *Prosecutor vs. Blaskic* (párrafo 333), en el sentido de que medidas "necesarias" son aquellas que se requieren para liberar al superior de la obligación de prevenir o reprimir en las circunstancias prevalentes al momento, mientras que medidas "razonables" son aquellas que el superior estaba en posición de tomar en las circunstancias prevalentes al momento.

Un requisito adicional, y que no ha sido tratado con profundidad por la jurisprudencia penal internacional, a diferencia de los anteriores, está constituido por el así denominado "requerimiento causal". Hay que advertir, ante todo, que el mismo no ha ocupado ampliamente a los tribunales *ad hoc*, por cuanto se discute si verdaderamente puede entenderse como una exigencia que ha de cumplirse para que se configure la responsabilidad del superior.

En este orden de ideas, ha sido afirmado que no existe sustento suficiente para establecer la causalidad como elemento separado de la responsabilidad de los superiores, por lo que no tiene que ser probado un vínculo causal entre el incumplimiento del deber y los crímenes cometidos por los subordinados, y que la propia existencia de este tipo de responsabilidad demuestra la ausencia de un requerimiento causal adicional como integrante de la misma[14]. En efecto, no puede exigirse una relación causal entre el incumplimiento del superior y los crímenes de los subordinados ya que ello desvirtuaría la propia naturaleza de esta forma de responsabilidad, en que lo que se persigue castigar es la negligencia del superior, que ciertamente incrementa el riesgo de que se cometan los crímenes o queden impunes; aún más, si se observa que una de las maneras en que el superior puede incumplir su deber es la no adopción de medidas para reprimir los crímenes cometidos, es lógico colegir que se habla de hechos ya ocurridos, por lo que la falta de sanción no podría ser causante de los mismos, como si se tratase de una especie de "causa retroactiva", lo que ciertamente no puede admitirse.

---

[14] Así lo ha explicado la sentencia dictada por el Tribunal Penal Internacional para la ex Yugoslavia en el caso *Prosecutor vs. Delalic* (párrafos 398 y 400).

Lo que sí puede sostenerse en lo que corresponde a un tal requerimiento causal es que, ciertamente, ha de concretarse la comisión de los crímenes por parte de los subordinados, aunque no debe probarse que estos tienen una relación de causalidad con la omisión negligente del superior, pero en definitiva si es necesaria la existencia de tales hechos, puesto que de lo contrario, fácticamente, no podría conocerse ni demostrarse, o ello constituiría prácticamente una *probatio* diabólica, que el superior ha incumplido con su deber al no adoptar las medidas necesarias y razonables a que se ha hecho referencia, pues sin la existencia de los crímenes no habría algo observable que permitiese constatar esto.

Finalmente, debe apuntarse que el último requisito o exigencia de la responsabilidad del superior es el elemento de intencionalidad o *mens rea*, pudiendo reiterarse en este momento las consideraciones generales que ya se hicieran en este trabajo respecto al principio de culpabilidad y el elemento mental al que se refiere el artículo 30 del Estatuto de Roma, advirtiendo que la intencionalidad no puede presumirse y subrayando nuevamente que la responsabilidad de los superiores es una excepción a la exigencia general de la responsabilidad a título de dolo, siendo el único supuesto del Estatuto en que se admite una responsabilidad culposa. De igual modo, debe insistirse en que, respecto a este elemento de intencionalidad, debe distinguirse el grado de exigencia requerido en cuanto a los superiores y jefes militares y los superiores y otros jefes

44

civiles ya que, como se verá, para unos resulta menor que para los otros.

Así, pues, respecto a los superiores y jefes militares el grado de intencionalidad que se exige es bastante lato, queriéndose con ello abarcar un mayor número de supuestos en los que puede hacérseles responder. De esta forma, se requiere que hubieren sabido o hubieren debido saber, según las circunstancias, que sus subordinados estaban cometiendo esos crímenes o se proponían cometerlos (artículo 28.1.a del Estatuto de Roma). Como se observa, no se exige necesariamente que el superior militar hubiere sabido, sino que basta con que hubiere debido saber de acuerdo con las circunstancias del momento, de la comisión de crímenes, con lo que se extiende su responsabilidad aunque el elemento intencional se configure de esa forma, es decir, culposamente.

En ese sentido, puede coincidirse con la opinión de AMBOS en cuanto que la inclusión de este criterio amplio o flexible de intencionalidad para el caso de los militares *"se basa sobre el hecho de que el superior debe poseer información que le permita concluir que los subordinados están cometiendo crímenes"*[15], por lo que se está imponiendo al superior militar un deber adicional de conocimiento ante la conducta de sus subordinados. Y es que,

---

[15] AMBOS, Kai. *La responsabilidad del superior en el derecho penal internacional.* En AMBOS, Kai (Coordinador). *La nueva justicia penal supranacional. Desarrollos post-Roma.* Op. cit., pág. 222.

ciertamente, tiene que responsabilizarse al superior militar cuando hubiere debido tener conocimiento por cuanto, siendo quien comanda las operaciones y dirige a sus subordinados, se entiende que debe estar al tanto de lo que éstos hagan o dejen de hacer, no necesariamente de manera directa, sino también indirectamente mediante la información que tenga en el momento a ese respecto.

También en cuanto a este criterio lato de intencionalidad, el Tribunal Penal Internacional para la ex-Yugoslavia ha indicado en la sentencia dictada en el caso *Prosecutor vs. Kordic* (párrafo 437), recogiendo la opinión de la Cámara de Apelaciones de ese mismo tribunal en el caso *Prosecutor vs. Delalic*, que debe afirmarse que el superior ha tenido razón para saber (*had reason to know*), es decir, que debió haber sabido, si estuvo en posesión de suficiente información como para tener noticia de la probabilidad o riesgo de comisión de actos ilegales por los subordinados. Esto ha sido reiterado recientemente por el propio tribunal para la ex-Yugoslavia en la sentencia dictada en fecha 21 de junio de 2004 en el caso *Prosecutor vs. Strugar* (párrafo 93).

Entretanto, el elemento de intencionalidad requerido respecto a los superiores y otros jefes civiles difiere del exigido en el caso de los militares, apareciendo como más restringido. En efecto, en lo que atañe a la responsabilidad de los superiores civiles se requiere como elemento mental el que tuvieren conocimiento o deliberadamente ignorasen la información de la comisión o pretensión de cometer esos crímenes por parte de los subordinados (artículo 28.2.a del Estatuto de Roma). De esta manera, sólo puede responsabilizarse a los superiores civiles si estos han sabido efectivamente o si hicieren caso omiso de informaciones que claramente pusieran de manifiesto lo que estaba sucediendo o sucedería, pero en cambio no puede exigírseles, como a los militares, que "debieran haber sabido", por lo que en este caso es necesario demostrar que en efecto el superior sabía, incluyéndose el que tuviese informaciones claras al respecto.

Para finalizar, resta observar en cuanto al elemento intencional, tanto en el caso de los militares como en el de los civiles, que tal y como lo ha sostenido la jurisprudencia penal internacional, la posición de superioridad o de autoridad constituye *per se* un indicio significativo de que la persona que ostenta dicha posición tiene conocimiento de los crímenes cometidos por los subordinados[16], sin que ello llegue a constituir, valga advertirlo, plena prueba, por lo que habrá que concatenar tal indicio con otros indicios tales como la magnitud de los crímenes y su repetición, el lugar geográfico donde se han cometido respecto al lugar donde se encuentra el superior, entre otros.

---

[16] Así se ha afirmado en las sentencias dictadas por el Tribunal Penal Internacional para la ex-Yugoslavia en los casos *Prosecutor vs. Aleksovski* (párrafo 80) y *Prosecutor vs. Naletilic* (párrafo 16), así como en las sentencias dictadas por el Tribunal Penal Internacional para Ruanda en los casos *Prosecutor vs. Kajelijeli* (párrafo 776) y *Prosecutor vs. Semanza* (párrafo 404).

De esta forma se han querido hacer estas sucintas precisiones acerca de la responsabilidad de los superiores en el Estatuto de la Corte Penal Internacional, particularmente para mostrar que, a la luz de su artículo 28, la misma se ha configurado como una responsabilidad derivada de una omisión propia y que introduce la posibilidad de que el superior sea castigado por un comportamiento negligente, constituyéndose como la excepción al principio, establecido en el artículo 30 del propio Estatuto, conforme al cual sólo procede el castigo de los crímenes internacionales allí tipificados cuando fueren perpetrados dolosamente.

Debe entenderse, entonces, que en ningún caso los crímenes cometidos por los subordinados pueden ser imputados al superior (lo que conduciría, como se pudo evidenciar en este análisis, a conclusiones problemáticas), sino que su responsabilidad es directa, dado que lo que se le imputa es, en cambio, la omisión de control apropiado respecto de tales subordinados.

IV. Referencias bibliográficas

- AMBOS, Kai. *La responsabilidad del superior en el derecho penal internacional*. En AMBOS, Kai (Coordinador). *La nueva justicia penal supranacional. Desarrollos post-Roma.* Editorial Tirant Lo Blanch. Valencia, España. 2002.

- DONNA, Edgardo Alberto. *La autoría y la participación criminal.* Rubinzal-Culzoni Editores. Buenos Aires, Argentina. 1998.

- ORIHUELA CALATAYUD, Esperanza (Edición a cargo de). *Derecho Internacional Humanitario. Tratados internacionales y otros textos.* Editorial McGraw-Hill. Madrid, España. 1998.

- RODRÍGUEZ MORALES, Alejandro J. *Constitución y Derecho penal. Un análisis de las disposiciones constitucionales con incidencia en el ámbito jurídico-penal.* Ediciones Líber. Caracas, Venezuela. 2001.

-. *La Corte Penal Internacional. Complementariedad y competencia.* Vadell Hermanos Editores. Caracas, Venezuela. 2005.

- RODRÍGUEZ-VILLASANTE Y PRIETO, José Luis. *Aspectos penales del Estatuto de la Corte Penal Internacional.* En ESCOBAR HERNÁNDEZ, Concepción (Ed.). *Creación de una jurisdicción penal internacional.* Colección Escuela Diplomática. No. 4. Madrid, España. 2000.

- ROXIN, Claus. *Autoría y dominio del hecho en Derecho penal.* Marcial Pons Ediciones Jurídicas. Madrid, España. 1998.

- SCHABAS, William A. *Principios generales del derecho penal.* En AMBOS y GUERRERO, Kai y Óscar Julián (Compiladores). *El Estatuto de Roma de la Corte Penal Internacional.* Universidad Externado de Colombia. Santa Fe de Bogotá, Colombia. 1999.

- ZAFFARONI, ALAGIA y SLOKAR, Eugenio Raúl, Alejandro y Alejandro. *Derecho penal. Parte general.* Ediar. Buenos Aires, Argentina. 2000.

El Derecho penal internacional en el ordenamiento jurídico venezolano: desarrollo y perspectivas

Es posible decir, todavía, que el Derecho penal internacional es una disciplina jurídica reciente. En efecto, hace no demasiado tiempo en términos históricos, concretamente el día 17 de julio de 1998, se adoptó el Estatuto de la Corte Penal Internacional, que si bien no aparece como la primera experiencia de este tipo de normas al menos marca un antes y un después indiscutible, y adicionalmente se constituye en una verificación notable de la existencia de un verdadero Derecho penal internacional.

A pesar de su carácter reciente, iniciado el año 2017 un total de ciento veinticuatro (124) naciones que hacen parte de la comunidad internacional ya son también Estados Parte en el Estatuto de la Corte Penal Internacional, brindando de esta manera su apoyo o respaldo a la noción, propia de este tratado internacional de carácter multilateral, de que los más graves crímenes internacionales no deben quedar impunes, y que al mismo tiempo debe prevenirse su repetición. Impera decir que es un número considerable de Estados Parte, teniendo en cuenta que por lo general los respectivos procesos de firma y ratificación de tratados o convenios internacionales que pretenden ser universales no resultan ni simples ni rápidos, en virtud de lo cual el número de Estados que se adhieren a los tratados se va incrementando de una forma bastante paulatina, a veces incluso lánguida. En el caso del denominado Estatuto de Roma no ha ocurrido de esa forma, sino que más bien en un lapso que podría considerarse breve se ha logrado una importante cantidad de ratificaciones, siendo hoy por hoy uno de los tratados internacionales con mayor número de Estados Parte.

Dicho proceso expedito o breve de un gran número de adhesiones de los países al Estatuto pone de relieve que hay una conciencia sólida (o tal vez sería mejor decir consolidada, para mencionar su sedimentación en el tiempo) a lo interno de la comunidad internacional respecto a la necesidad de definir como comportamientos inadmisibles (tanto así que deben sujetarse a una amenaza punitiva) aquellos que se tipifican en este tratado como crímenes internacionales.

Precisamente en cuanto a esa tipificación, cabe advertir que, a diferencia de lo que algunos podrían pensar, a saber, que la misma dejó por fuera un número importante de comportamientos delictivos (como el terrorismo o el narcotráfico), la verdad es que el listado se restringe a esos 4 crímenes dado que son ellos los que tienen la mayor gravedad y en torno a los cuales hay un consenso bastante universal en lo que respecta a la necesidad de su tipificación y castigo, al ser conductas criminales que vulnera o afectan bienes jurídicos universales que merecen una tutela reforzada como la que es ofrecida por el Derecho penal internacional. Sumado a ello, no debe perderse de vista tampoco que el hecho de que sean únicamente cuatro los crímenes recogidos por el Estatuto de Roma es conveniente a los fines del propio funcionamiento de la Corte Penal Internacional (CPI), debido a que, al limitarse en tal sentido su competencia material (*ratione materiae*) se facilita que pueda brindar la adecuada atención a las situaciones y casos que puedan serle presentados a este órgano jurisdiccional, de manera que resulta ilustrativo para entender esto el refrán popular conforme al cual "quien mucho abarca poco aprieta", en el sentido de que si su competencia fuese demasiado amplia entonces probablemente no podría ocuparse de todas las situaciones y casos que llegarían hasta sus diferentes Salas (recordándose que la Corte está conformada por tres de ellas, a saber: Sala de Cuestiones Preliminares, Sala de Juicio y Sala de Apelaciones).

Por otra parte es necesario observar que el sistema del Estatuto de Roma no ha sido concebido para desplazar, reemplazar o sustituir a las jurisdicciones penales nacionales o internas, sino que, por el contrario, son estas las llamadas a llevar adelante la acción de la justicia frente a la comisión de esta clase de crímenes, por lo que no debe verse a la CPI como una panacea o solución mágica que por sí misma pondrá fin a la impunidad de tales actos criminales ni, mucho menos, a su perpetración.

En esa dirección, puede afirmarse que la CPI, considerada por sí sola e ignorando la totalidad de lo que hoy se conoce como Derecho penal internacional, puede hacer apenas modestas contribuciones en lo atinente a la persecución y el castigo de los crímenes internacionales.

A ese respecto, en consecuencia, es pertinente indicar que el derecho internacional está conformado por aquellas normas que los países adoptan con la finalidad de generar obligaciones (de donde surge el principio "*pacta sunt servanda*" o "lo pactado obliga") entre ellos y entre sus ciudadanos (sobre lo que se volverá más adelante). Tales normas se incorporan, principalmente aunque no exclusivamente, en tratados y convenios internacionales que deben pasar por un específico proceso de adopción o adhesión por parte de los Estados concernidos de conformidad con lo establecido a este respecto en la Convención de Viena sobre el Derecho de los Tratados. Luego, también debe ser mencionado esto, el tratado o convenio entra en vigor y surte plenos efectos, generando así las obligaciones contenidas en tal instrumento.

En lo que se refiere al Estatuto de la Corte Penal Internacional, debe decirse en este punto, pues estas líneas van referidas al estado del Derecho penal internacional en el ordenamiento jurídico venezolano, que Venezuela firmó y ratificó dicho instrumento normativo internacional sin ninguna reserva (que en todo caso no era posible realizar dado que el propio Estatuto en su artículo 120 establece que el mismo no admite reservas). Así, pues, dicha ratificación la llevó a cabo el 7 de junio de 2000, siendo el primer país iberoamericano en hacerlo. En consecuencia la correspondiente Ley Aprobatoria del Estatuto de la Corte Penal Internacional fue publicada debidamente en la Gaceta Oficial No. 5.507 de fecha 13 de diciembre de 2000.

Cabe mencionar, a su vez, que no basta con que los Estados adopten, suscriban o se adhieran a los tratados o convenios internacionales que hayan decidido celebrar con otro país (para el caso de tratados bilaterales, muy utilizados en materia de intercambio comercial) o con una multiplicidad de otros países (para el caso de tratados multilaterales, como sucede, por ejemplo, en materia de Derechos Humanos). Resulta imperativo que, además de crearse o promulgarse tales instrumentos internacionales, los mismos se incorporen o se integren plenamente en el ámbito nacional o doméstico de cada país contratante; eso es lo que se conoce como "proceso de integración".

En relación a tales procesos es conveniente definir lo que puede entenderse por integración, para lo que puede acudirse a lo dicho por el Comité Internacional de la Cruz Roja, para el cual la misma "consiste, por una parte, en traducir normas jurídicas en

55

medidas o mecanismos concretos que propicien su cumplimiento y, por otra parte, en adoptar los medios apropiados para hacerlas efectivas"[17].

A la luz de lo anterior, se evidencia que lo que pretenden los procesos de integración es "domesticar" las normas de los tratados y convenios internacionales de modo tal que puedan ser efectivamente llevadas a la práctica en el ámbito local o nacional, garantizándose así su verdadero cumplimiento. Esto tiene capital importancia puesto que, de no llevarse a cabo dicha integración, es posible que las normas internacionales no produzcan el efecto deseado en el contexto específico de cada país que sin embargo ha decidido hacerse parte del instrumento que contiene las mismas.

Así las cosas, la referida integración abarca una multiplicidad de aspectos sobre los cuales debe trabajar el Estado si quiere dinamizar la adecuada y verdadera aplicación de las normas internacionales, vale decir, el respeto hacia las obligaciones que el propio Estado ha decidido asumir al hacerse parte de un tratado o convenio internacional, algo que, importante es subrayarlo en el marco de este ensayo, se hace todavía más necesario en materias como los derechos humanos, el derecho internacional humanitario (o derecho de los conflictos armados), y el derecho penal internacional.

---

[17] Comité Internacional de la Cruz Roja. *Integración del Derecho.* Folleto informativo. Ginebra, Suiza. 2008.

El Estatuto de Roma, como apenas hace falta decirlo, hace parte de la última de las materias mencionadas.

Cabe advertir, a su vez, que los procesos de integración de las normas internacionales en el derecho interno, no se restringen, como erróneamente pudiera pensarse, a legislar sobre la temática abordada en el tratado o convenio de que se trate, algo que solamente hace parte de dicha integración, pero que no es lo único ni necesariamente lo más importante a los fines de garantizar la efectividad o aplicabilidad de las normas internacionales.

Debe enfatizarse, como se ha dicho en otra oportunidad[18], que es necesario superar el mito, fuertemente arraigado, conforme al cual todos y cada uno de los problemas de la humanidad deben ser resueltos a través de una ley, mito que denota una profunda creencia en que las leyes son una especie de panacea o solución mágica para cualquier situación conflictiva.

En tal virtud, es necesario sostener, con verdadera convicción y procurando un reconocimiento sincero de la realidad, que las leyes apenas pueden resolver pocas cosas, siendo que en definitiva no son más que un papel sobre el cual se hallan escritos determinados grafismos que denominamos letras y que forman oraciones y textos,

---

[18] Así en RODRÍGUEZ MORALES, Alejandro J. *Lucha antiterrorista, Derechos Humanos y discurso penal del enemigo.* Pág. 23. Vadell Hermanos Editores. Caracas, Venezuela. 2011.

y que carecen de vida en sí mismos. En este sentido, entonces, debe quedar claro que no se trata solamente de aprobar leyes para integrar al ámbito doméstico o nacional un cierto tratado o convenio sino que, para que surta verdaderos y plenos efectos, debe irse más allá, darle aplicabilidad mediante un conjunto de mecanismos que así lo permitan, y no solamente con la mera aprobación de un instrumento normativo.

Al respecto puede mencionarse un caso específico en que la integración exige algo que va más allá de la mera aprobación de leyes, como es la creación de instituciones, a lo interno del Estado, que tengan la capacidad de aplicar el tratado o convenio internacional que haya sido suscrito o, también, que instruya y prepare a las personas concernidas para hacer posible el cumplimiento de determinadas obligaciones adquiridas por la adhesión del respectivo tratado o convenio. Se reitera, entonces, que no basta con la sencilla redacción y promulgación de una ley que indique que el tratado o convenio se considera parte del derecho interno; esto es solamente el punto de partida, uno que, además, es casi igual, o muy similar, a la propia adhesión a dicho tratado o convenio.

Por lo demás, el objetivo es también apoyar los procesos de evolución y desarrollo de un tratado o convenio que lógicamente pueden seguir a la adopción del mismo para que efectivamente pueda ejecutarse en la práctica (a nivel internacional e interno).

A ese respecto, cabe destacar que Venezuela ha realizado aportes fundamentales en dicho sentido, al haber participado en todo el proceso de creación de la Corte Penal Internacional, con el corolario de la adopción del denominado Estatuto de Roma, por cuya aprobación Venezuela votó a favor y que prontamente también ratificó mediante respectiva ley aprobatoria ya mencionada en este reporte.

Adicionalmente, Venezuela también adoptó el Acuerdo sobre los Privilegios e Inmunidades de la Corte Penal Internacional mediante correspondiente Ley Aprobatoria publicada en la Gaceta Oficial No. 38.347 de fecha 30 de diciembre de 2005.

Por otra parte, Venezuela participó activamente en la Conferencia de Revisión del Estatuto de Roma en Kampala, Uganda, en el año 2010, siendo incluso integrante de la Mesa de la Conferencia, aunque sin llegar a realizar ninguna propuesta de modificación así como tampoco de incorporación de algún nuevo crimen. En dicha Conferencia de Revisión, a la vez, Venezuela votó a favor de la definición del crimen de agresión prevista en el artículo 8 bis del Estatuto de Roma.

Tanto la adopción del Estatuto de Roma como del Acuerdo sobre los Privilegios e Inmunidades de la Corte Penal Internacional son aportes al Derecho penal internacional, en tanto respalda el desarrollo del mismo e invita por ende a que otros países hagan lo propio, adoptando los mencionados instrumentos internacionales, centrales en estos momentos en lo que a Derecho penal internacional se refiere.

De igual manera cabe mencionar que en Venezuela se ha venido proponiendo la implementación total o completa del Estatuto de Roma mediante la modificación del Código Penal a efectos de incorporar los tipos penales en él contenidos, asignándoseles en consecuencia una pena determinada. Así, el Proyecto de Código Penal presentado por el Tribunal Supremo de Justicia a la Asamblea Nacional en el año 2004 contiene una regulación, si bien no muy acertada y coherente, de lo que denomina "crímenes de lesa humanidad", en los que en realidad subsume, de un modo inaceptable e incorrecto (pues los considera pertenecientes a dicha categoría), al genocidio, el terrorismo, los verdaderos crímenes de lesa humanidad, el narcotráfico, así como los crímenes de guerra.

No es éste el lugar para emprender un análisis detallado de las disposiciones que conforman el Título IV ("Crímenes de Lesa Humanidad") del Libro Segundo del referido Proyecto, bastando decir que la consideración del genocidio y los crímenes de guerra como crímenes de lesa humanidad es inadmisible, ya que es bien sabido que se trata de crímenes internacionales autónomos; por su parte, al incluir en esta categoría de crímenes al terrorismo y el narcotráfico está ciertamente innovando respecto de la regulación del artículo 7 del Estatuto de Roma, que no incluye tales conductas en el catálogo de actos constitutivos de crímenes de lesa humanidad y que aquí se consideran que no deben agregarse a dicho catálogo.

Más allá de este proyecto, que sin embargo es plausible por haber mostrado al menos preocupación en lo atinente a la incorporación de los crímenes internacionales en la legislación venezolana, debe observarse que la implementación del Estatuto de Roma a través de una reforma al Código Penal, en verdad, no aparece como la vía más adecuada para lograr dicha finalidad. En efecto, jurídica y políticamente, resulta más conveniente plantear la implementación del Estatuto de Roma, es decir, la incorporación de los tipos penales allí contenidos, mediante una legislación especial y separada, como se ha hecho, por ejemplo, en Alemania e incluso en un país tan cercano geográfica y culturalmente como lo es Ecuador.

Tal conveniencia deviene, en primer lugar, y desde el punto de vista jurídico, del hecho conocido de que el Derecho penal internacional se ha venido a consolidar en los últimos años como una verdadera disciplina jurídica que ostenta ciertas particularidades que han de ser tomadas en cuenta y que repercuten no sólo en materia de

Derecho penal especial (esto es, en lo correspondiente a la tipificación de los crímenes internacionales, su descripción y la asignación de penas determinadas para quienes los cometan), sino que además ello sucede en materia de Derecho penal general (vale decir, en lo que respecta a ciertos principios fundamentales y, sobre todo, en cuanto a la teoría general del delito), por lo que una legislación especial serviría para regular en ambos frentes. Adicionalmente, y también desde lo jurídico, el promulgar una ley especial serviría asimismo a objeto de destacar esa importancia que ha cobrado el Derecho penal internacional.

Adicionalmente, y desde una perspectiva que tome en cuenta el elemento político, que en efecto no debe dejarse a un lado, resulta igualmente preferible la vía de una ley especial por cuanto a los efectos legislativos es mucho más sencillo, y suele ser más expedito, aprobar una ley especial, que la reforma de un Código Penal, pudiendo conseguirse más fácilmente un consenso en torno a la misma.

Es por estas razones que en las presentes reflexiones se considera preferible llevar a cabo un proceso de integración del Estatuto de Roma justamente a través de una ley especial cuyo objeto sea única y específicamente regular la cuestión de los crímenes internacionales, legislando tanto aspectos de carácter general como propiamente especial. Al respecto, he propuesto desde el año 2008 la adopción en Venezuela de una Ley Orgánica sobre Crímenes Internacionales[19]. Más recientemente, en 2016, se presentó ante la Asamblea Nacional un proyecto de Código de Derecho Penal Internacional, el que, por ser de tan reciente data, no ha podido ser analizado en estos comentarios.

Finalmente, es necesario hacer referencia a la jurisprudencia doméstica en materia de Derecho penal internacional. A ese respecto, hay que mencionar ante todo que no le ha correspondido a los tribunales venezolanos llevar a cabo procesos por crímenes internacionales, con lo que no hay sino algunas consideraciones dispersas sobre el Derecho penal internacional en la jurisprudencia patria.

A pesar de ello, puede referirse el peculiar caso de un criterio jurisprudencial, promovido por el Tribunal Supremo de Justicia, que amplía el ámbito de los crímenes de lesa humanidad, incluso aludiendo al artículo 7 del propio Estatuto de Roma. Así, pues, De acuerdo a una interpretación realizada por el Tribunal Supremo de Justicia, los delitos relacionados con las drogas (entre ellos, el tráfico ilícito) podrían ser calificados como crímenes de lesa humanidad, de

---

[19] Un análisis de esa propuesta y el texto del proyecto de ley puede verse en RODRÍGUEZ MORALES, Alejandro J. *Una propuesta venezolana de implementación del Estatuto de la Corte Penal Internacional.* Publicado en la página web sobre Derecho Penal de la Université de Fribourg. 2008; y que se incluye también en el presente volumen.

modo que según tal interpretación en efecto se han realizado juicios sobre crímenes internacionales, concretamente crímenes de lesa humanidad.

En este mismo sentido, entonces, debe observarse que se realizó una interpretación propia por parte del Tribunal Supremo de Justicia, que sin embargo cita el Estatuto de la Corte Penal Internacional y lo vincula con lo previsto en los artículos 29 y 271 de la Constitución de la República Bolivariana de Venezuela. Así lo ha hecho, por ejemplo, en las sentencias de fechas 28 de marzo de 2000 y 4 de abril de 2001.

A manera de conclusión, entonces, puede indicarse que ha habido aportes desde Venezuela para el desarrollo y promoción del Derecho penal internacional, aunque también ha habido retrocesos (como sucede con el recién referido criterio jurisprudencial) y deudas todavía no cumplidas (como sucede con la ausencia de implementación legislativa de los crímenes tipificado en el Estatuto de Roma).

El Derecho internacional en general conlleva procesos cuya concreción no es posible de forma rápida, por lo que corresponde a los operadores jurídicos y a los Estados en general apoyar, promover y contribuir todo lo necesario para que ningún país se quede atrás en la construcción del mismo. Estas breves reflexiones esperan también ser un aporte en ese sentido.

El principio de complementariedad como presupuesto procesal del procedimiento ante la Corte Penal Internacional

I. Nociones previas

Es sabido que el 17 de julio de 1998 se suscribió en la ciudad de Roma, en el marco de una Conferencia Diplomática Plenipotenciaria, el Estatuto de la Corte Penal Internacional, el cual, después de recibir más de 60 ratificaciones al 11 de abril del 2002 (entre ellas la de Venezuela, el 7 de junio de 2000), entró en vigor el 1° de julio de ese mismo año.

Este nuevo órgano jurisdiccional de carácter supranacional estará encargado nada menos que de conocer de la responsabilidad penal individual en virtud de la comisión de los más graves crímenes internacionales, tipificados en el mismo Estatuto, así como en el Texto de los Elementos de los Crímenes, que fuera aprobado en la Primera Asamblea resumida de Estados Partes celebrada en Nueva York del 3 al 7 de febrero del 2003. Así, este tribunal mundial se distingue de otras instancias jurisdiccionales internacionales (como la Corte Internacional de Justicia y la Corte Interamericana de Derechos Humanos) en que ninguna de ellas se encarga de juzgar penalmente a las personas, como lo hará la Corte Penal Internacional en La Haya.

Ahora bien, en este mismo orden de ideas, es pertinente señalar que el Estatuto de la Corte Penal Internacional (en lo sucesivo, el Estatuto) es un instrumento ciertamente de avanzada y refleja el esfuerzo de muchos años destinado a la creación de un órgano jurisdiccional supranacional que acabara con la impunidad de los crímenes internacionales de mayor trascendencia para la humanidad, tales como el genocidio, los crímenes de lesa humanidad, los crímenes de guerra y la agresión (crimen que, sin embargo, fuera definido apenas en 2010, en virtud de la respectiva Conferencia de Revisión realizada en Kampala). De manera que el Estatuto es bastante completo y contiene disposiciones no sólo en el orden sustantivo, sino también en el orden adjetivo o procesal, ámbito al que se hará referencia en el presente trabajo.

De otra parte, hay que destacar en estas nociones previas que, además del Estatuto de la Corte Penal Internacional, en este análisis habrá de ser utilizado un instrumento anejo a dicho Estatuto, cual es el Texto de las Reglas de Procedimiento y Prueba (el que también fuera aprobado en la mencionada Asamblea de Estados Parte celebrada en el 2003), instrumento complementario que sirve a los fines de la correcta interpretación y aplicación de las disposiciones del Estatuto, especialmente en lo que respecta al ámbito procesal; si bien las referencias que en dicho texto se hacen respecto a la complementariedad no son muy numerosas, por lo que sólo se hará alguna alusión a las mismas.

A su vez, se considera pertinente en esta oportunidad hacer mención de una idea que, en opinión de este autor, puede entenderse como receptada por el Estatuto de la Corte Penal Internacional, y que tiene una especial vinculación con el principio de complementariedad, objeto de estudio de este breve trabajo; se quiere aludir a lo que ha tenido a bien denominarse Derecho penal mínimo o principio de intervención mínima en materia penal, el cual es de suma importancia y que aquí se considera necesario a los fines de reducir la violencia inherente al Derecho penal, por lo que se entiende que si éste pretende ser garantista y respetuoso de los derechos del hombre debe sustentar dicho principio o ideal del minimalismo penal.

En efecto, cuando se hace referencia a un Derecho penal mínimo, con ello quiere expresarse que lo penal debe ser reducido lo máximo posible, por cuanto el instrumento punitivo debe ser a lo último a lo que debe recurrirse a los fines del ejercicio del control social, siendo que es el sector del Derecho que tiene la mayor y más radical incidencia sobre los ciudadanos, pudiendo privarles de su libertad o, en aquellos Estados donde se admite la pena de muerte, incluso la propia vida, por lo que es una medida extrema, que sólo puede ser tomada cuando no haya otro medio menos violento para afrontar y resolver la situación y cuando la perturbación de la convivencia social sea absolutamente intolerable por su gravedad. Es en este sentido que FERRAJOLI, uno de los principales representantes de la corriente minimalista, ha apuntado que el Derecho penal debe ser *"instrumento de defensa y garantía de todos: de la mayoría no desviada, pero también de la minoría desviada; que por ello se configure como derecho penal mínimo, o sea, como técnica de minimización de la violencia en la sociedad: de la violencia de los delitos, pero también la de las reacciones a ellos"*[20], en conclusión, que se reduzca la reacción penal y sólo se acuda a ella cuando sea estrictamente necesario, intentando preservar así la libertad de los ciudadanos y, en general, sus derechos y garantías fundamentales.

Se sostiene en este trabajo que el Estatuto de la Corte Penal Internacional es compatible con el Derecho penal mínimo, al que también pudiera llamarse garantismo penal, por cuanto, por una parte, tipifica únicamente los que se han considerado como crímenes internacionales de mayor gravedad y trascendencia para la comunidad internacional, por lo que la potestad punitiva internacional sólo podrá ejercerse respecto a tales hechos, en virtud de lo graves que son y por cuanto afectan considerablemente a toda la humanidad, por lo que la intervención mínima penal se evidencia de la propia competencia *ratione materiae* de la Corte; pero, por otra parte, también se evidencia una receptación del Derecho penal

---

[20] FERRAJOLI, Luigi. *La pena en una sociedad democrática*. En: MARTÍNEZ, Mauricio (Coautor y compilador). *La penal. Garantismo y democracia*. Pág. 18. Ediciones Jurídicas Gustavo Ibáñez, Santa Fe de Bogotá, Colombia, 1999

mínimo en el Estatuto en cuanto se establece como un principio fundamental la complementariedad o suplementariedad de la Corte Penal Internacional frente a las jurisdicciones nacionales, tema que será objeto de análisis en este trabajo, por lo que sólo cuando se cumpla cabalmente dicho principio podrá intervenir esta nueva jurisdicción penal supranacional, siendo el mismo, como se afirma en este estudio, un presupuesto procesal del procedimiento ante este tribunal universal.

Por otra parte, se estima relevante a los fines de este estudio señalar en esta breve introducción que el proceso de creación de la Corte Penal Internacional atravesó intensas discusiones, especialmente respecto a su competencia y a las denominadas condiciones de admisibilidad, puesto que las distintas delegaciones participantes en la elaboración y suscripción del Estatuto tenían preocupación, por una parte, por la excesiva intervención de la Corte en asuntos que podrían ser resueltos en las propias jurisdicciones nacionales o haciendo uso del llamado principio de jurisdicción universal (el cual, por ejemplo, sustentó las actuaciones del Juez Baltazar Garzón para perseguir penalmente al ex-Dictador chileno Augusto Pinochet por la comisión del crimen de genocidio); y por otra parte, también se encontraba presente una preocupación por la efectividad de la Corte, toda vez que si se restringía demasiado su campo de actuación, la misma se vería prácticamente inhabilitada para cumplir con su cometido y evitar la impunidad de los más graves crímenes internacionales. De todas estas discusiones previas a la adopción del Estatuto de la Corte Penal Internacional surgió el denominado principio de complementariedad que, como se indica en el título de este trabajo, es un presupuesto procesal del procedimiento ante la nueva jurisdicción penal internacional, constituyéndose en una vía para regular el conocimiento de los asuntos de su competencia *ratione materiae*.

II. Los denominados presupuestos procesales

Para estudiar el principio de complementariedad que establece de manera expresa el Estatuto de la Corte Penal Internacional, resulta necesario definir precisamente lo que se entiende por presupuesto procesal, a objeto de, posteriormente, comprobar, como se sostiene en este ensayo, que la suplementariedad de la Corte se constituye como un tal presupuesto del procedimiento ante esta jurisdicción penal supranacional.

En materia procesal penal rige el denominado principio formal o de formalismo procesal, conforme al cual es necesaria la observancia de ciertas pautas formales a efectos de seguirle a una determinada persona un proceso penal, por lo que debe cumplirse con un específico modo de realizar el juzgamiento, no pudiéndose llevar adelante de cualquier manera, sino de la forma en que ha sido previsto por la ley a tales fines, por lo que se trata de garantizar un *iter* procedimental definido, que pueda ser conocido por todos los interesados.

En este orden de ideas, pues, en el proceso penal debe cumplirse con las formalidades establecidas para su realización, por lo que no puede hacerse de manera arbitraria o desapegada a tales formalismos. Por tal razón, se ha afirmado que según lo que hoy se entiende por justicia, sólo un proceso penal realizado debidamente, esto es, "formalista", es apropiado para condenar y remover la presunción de inocencia que ampara a toda persona[21].

Y es que tales formalidades dentro del proceso penal aparecen como verdaderas garantías ciudadanas, las cuales protegen, no únicamente al imputado o a la víctima, sino a ambos, toda vez que mediante este formalismo procesal se evitan las posibles extralimitaciones o arbitrariedades que pudieran presentarse al momento de administrar justicia penal. Así, de no conservarse y propugnarse este principio de formalidad del proceso, se estaría abriendo la puerta a una serie de abusos en la persecución penal, mientras que, si se observan las formalidades debidamente, no le estará dado al Estado enjuiciar a una persona sino únicamente con el cumplimiento de las mismas, y no de forma caprichosa o discrecional.

---

[21] TIEDEMANN, Klaus. *El Derecho Procesal Penal*. En la obra conjunta: Introducción al Derecho Penal y al Derecho Penal Procesal (Claus Roxin, Günther Arzt y Klaus Tiedemann). Pág. 145. Ariel Derecho. Barcelona, España. 1989.

Esto se encuentra vinculado igualmente con la legalidad que debe imperar en un proceso penal, puesto que, como ha sido destacado en otro lugar, *"el principio de legalidad comprende que una ley establezca previamente, no sólo el delito, falta o infracción y la pena o sanción, sino también el procedimiento para hacer efectiva la disposición sustantiva"*[22], puesto que sólo así el ciudadano podrá conocer de qué forma se le perseguirá y juzgará penalmente.

En definitiva, pues, en el proceso penal necesariamente han de observarse las formalidades establecidas en las normas que lo regulan para garantizar una correcta administración de justicia, como salvaguarda de la persona ante la respuesta penal, que debe ser ajustada a Derecho, por lo que el formalismo procesal es de suma importancia. Tan es así, que el incumplimiento de las formas procesales esenciales puede conllevar la nulidad del proceso o de los actos procesales en los que se haya verificado tal incumplimiento.

Ahora bien, dentro de las diversas formalidades que deben ser respetadas en un proceso penal, se encuentran los denominados presupuestos procesales, los cuales se presentan como requisitos previos y necesarios para la prosecución del procedimiento, y sin los

---

[22] RODRÍGUEZ MORALES, Alejandro J. *Constitución y Derecho penal*. Pág. 56. Ediciones Líber. Caracas, Venezuela. 2001.

cuales no podrá pasarse de una fase previa del mismo, por no haberse cubierto tales exigencias preliminares, que serán las que determinen su admisión.

Los presupuestos procesales, entonces, pueden definirse, siguiendo a ROXIN, como *"las circunstancias de las que depende la admisibilidad de todo el procedimiento o una parte considerable de él"*[23], por lo que existe estricta sujeción al cumplimiento de dichos presupuestos, ya que son límites que se imponen a la posibilidad de instaurar un proceso penal en contra de una persona determinada.

En efecto, el fundamento de los presupuestos procesales es el que no se proceda contra una persona, accionando un proceso penal, si no existen elementos que permitan presumir que la instauración de dicho proceso es razonable, esto es, que el objetivo del mismo pueda llevarse a cabo. De tal forma, los presupuestos procesales se refieren a cuestiones tales como competencia del tribunal, promoción de la acción penal, falta de jurisdicción, entre otras. Se trata, pues, de obstáculos o restricciones previas de carácter formal atinentes a la propia justificación del procedimiento (que deben concurrir para considerarlo legítimo[24]).

---

[23] ROXIN, Claus. *Derecho procesal penal*. Pág. 165. Editores del Puerto. Buenos Aires, Argentina. 2000.
[24] En tal sentido DI TOTTO, citando a CALAMANDREI, señala que el fundamento de las excepciones (que son precisamente presupuestos procesales) *"radica en la necesidad de que existan previamente a la iniciación del proceso, ciertas condiciones fundamentales que hagan desparecer cualquier vestigio de*

De acuerdo a esto, en la fase preliminar de cualquier proceso penal deben verificarse todos y cada uno de los presupuestos procesales legalmente establecidos a los fines de admitir su realización, como quiera que carecería de sentido iniciar un proceso para determinar luego, con el gasto inoficioso de tiempo y recursos que ello representa, que no debía ser admitida su instauración desde un primer momento, esto es, *ab initio*.

A diferencia de las condiciones objetivas de punibilidad, con las que no pueden llegar a confundirse[25], los presupuestos procesales tienen que ver con que se verifique una mínima "razonabilidad" de proseguir con el proceso, por eso tienen carácter previo, para que posteriormente no exista la necesidad de subsanarlo, sino que ya haya sida comprobado su factibilidad; no se trata, así, de una cuestión de derecho sustantivo material, sino netamente adjetiva.

De no verificarse los presupuestos procesales, no podrá darse inicio al procedimiento y el tribunal que conozca la causa tendrá que abstenerse de proseguir con el mismo, pues ello no tendría caso

---

deslegitimidad*"; así en DI TOTTO, Beatriz. *Procedimiento de impugnación, oposición, sustanciación y decisión de las excepciones. Nulidad y renovación de los actos procesales.* En: *La aplicación efectiva del COPP. Terceras Jornadas de Derecho Procesal Penal.* Pág. 144. Universidad Católica Andrés Bello. Caracas, Venezuela. 2001.

[25] Respecto a la necesidad de distinguir entre condiciones objetivas de punibilidad y presupuestos procesales, puede consultarse a ROXIN, Claus. *Derecho procesal penal.* Op. cit., pág. 166.

porque más adelante su falta de fundamento obligaría ineludiblemente a su terminación.

En el presente trabajo se analiza el denominado principio de complementariedad como presupuesto procesal del procedimiento ante la Corte Penal Internacional, pues se entiende que dicho principio es, en efecto, una condición o requisito preliminar que debe constatarse a los efectos de la admisibilidad de tal procedimiento, por lo que pasará a estudiarse lo que significa la mencionada complementariedad y cuáles son las condiciones que en tal sentido deben llenarse para permitir el inicio del procedimiento ante esta nueva instancia jurisdiccional de carácter universal y permanente.

III. El presupuesto procesal de complementariedad

La Corte Penal Internacional no ha sido constituida para sustituir a las jurisdicciones penales nacionales, tampoco pretende irrogarse, en tal virtud, la competencia de éstas en cuanto al juzgamiento de quienes hayan cometido crímenes internacionales tipificados en su Estatuto[26]; por tal razón, este nuevo tribunal internacional únicamente complementa a esas jurisdicciones

---

[26] En sentido contrario, VILLANUEVA MESA y ZULETA CANO opinan que la jurisdicción penal internacional reemplazará a las jurisdicciones nacionales, como consecuencia más probable de la globalización; según lo han afirmado expresamente en VILLANUEVA MESA y ZULETA CANO, Javier Antonio y José Abad. *Jurisdicción penal internacional*. Pág. 10. Librería Jurídica Sánchez. Medellín, Colombia. 2001.

nacionales, supliéndolas, mas no suplantándolas o excluyéndolas, por lo que se ha dado preferencia a estas últimas para concretar el castigo de los actos criminales que se encuentren tipificados en el Derecho penal internacional, sin que ello obste para que estén igualmente tipificados, o puedan tipificarse en un momento dado, en los ordenamientos jurídicos internos.

Tal complementariedad de la Corte es de gran importancia, por una parte, porque rompe con la tradición según la cual a los tribunales penales internacionales *ad hoc* que han sido creados en distintas ocasiones, se les ha otorgado preferencia o primacía frente a las jurisdicciones nacionales, estando en consecuencia facultados para el juzgamiento de crímenes internacionales de manera prioritaria, independientemente de la existencia o no de dicha posibilidad por los Estados, resultando este aspecto ciertamente innovador en la práctica penal internacional. Por otra parte, y en relación con lo anterior, la mencionada complementariedad es importante a efectos de salvaguardar o reconocer la existencia de algún ámbito de soberanía para los Estados que ha de respetarse, si bien es cierto que dicho concepto ha dejado de tener la rigurosidad propia del Derecho internacional clásico.

Es en este sentido que se ha dicho que el análisis de las diversas cuestiones que se presentan ante la creación de la Corte Penal Internacional trae consigo la discusión acerca de los contornos y los límites de la soberanía en la sociedad internacional contemporánea, planteándose la evolución del Derecho internacional como sistema de coexistencia y cooperación entre los Estados[27], todo ello con el ánimo de poner fin a la comisión de crímenes internacionales y evitar su impunidad.

Asimismo, es necesario subrayar que el respeto de ese espacio de soberanía es fundamental para la aceptación de la mayoría de los Estados que conforman la comunidad internacional respecto a la creación de esta nueva instancia judicial penal internacional, ya que, de no ser así, podría decirse, aunque incorrectamente a la luz de las recientes tendencias sobre la materia en el Derecho internacional, que la misma constituye una intromisión en los asuntos internos – encontrándose en desuso el recurso a tal expresión – , resultando afectada la soberanía en la actividad punitiva que corresponde de forma natural a los Estados. Y es que debe recordarse en esta oportunidad que el Derecho penal es una parte esencial de la soberanía de los Estados, es decir, como afirma BACIGALUPO ZAPATER, *"la expresión más pura de la soberanía"*[28], por lo que las transformaciones inherentes a los

---

[27] PERRONE-MOISÉS, Cláudia. *O princípio de complementaridade no Estatuto do Tribunal Penal Internacional e a soberania contemporánea.* En, de varios autores. *Política Externa.* Volumen 8. No. 4. Pág. 3. Sao Paulo, Brasil. 2000.

[28] BACIGALUPO ZAPATER, Enrique. *Jurisdicción penal nacional y violaciones masivas de Derechos Humanos cometidas en el extranjero.* En: BACIGALUPO ZAPATER, Enrique (Director). *El derecho penal internacional.* Pág. 202. Consejo General del Poder Judicial. Madrid, España. 2001.

tiempos actuales en materia de promoción y protección de la persona humana en el ámbito internacional inciden de manera evidente en tal sector fundamental de la soberanía estatal.

Entretanto, gracias a la complementariedad adoptada, es más viable admitir el juzgamiento ante la Corte, no habiendo afectación del *ius puniendi* estatal, por cuanto el mismo no ha sido ejercido efectivamente para castigar a los responsables de crímenes internacionales, lo que conlleva el que pueda acudirse ante esta nueva jurisdicción penal internacional. No obstante esto, cabe destacar que la propia complementariedad puede traer consigo el peligro de una ingerencia en la soberanía nacional, al tener que pronunciarse la Corte sobre este presupuesto procesal; sobre lo que se volverá luego, no sin advertir que ello no puede ser afirmado sin más, especialmente con la finalidad de poner en tela de juicio a esta nueva instancia internacional (tal es el caso de los Estados Unidos de América, renuente a convertirse en Estado parte en el Estatuto, porque supuestamente se compromete su soberanía, posición ésta absolutamente rechazable y criticable, y que pone en evidencia las pretensiones de dicho Estado de dejar impunes a su nacionales cuando cometan los crímenes internacionales previstos en el Estatuto).

El principio de complementariedad que rige a la Corte ciertamente aparece como un presupuesto procesal del procedimiento ante este órgano jurisdiccional de carácter supranacional, por cuanto del mismo depende la admisibilidad del asunto que se pretenda juzgar, de forma tal que si no se verifican en el caso concreto las exigencias de dicha complementariedad, el procedimiento no podrá seguirse y tendrá que declararse su inadmisibilidad de acuerdo a las disposiciones del propio Estatuto. Es por tal razón que la disposición más importante en cuanto a la complementariedad de la Corte (el artículo 17 del Estatuto), que no la única, como se dirá de inmediato, ha sido denominada "cuestiones de admisibilidad", puesto que, precisamente, del cumplimiento de este principio fundamental se supeditará la admisibilidad del procedimiento penal, constituyéndose, se reitera, como un presupuesto procesal del mismo.

En virtud del principio de complementariedad, los Estados que forman parte del Estatuto de Roma han cedido una porción de su competencia, que deja de ser exclusiva y excluyente, para convertirse en una compartida, pues habrá de complementarse con la de la Corte en materia de juzgamiento de crímenes internacionales, por lo que, al menos en principio, no puede criticarse a esta nueva jurisdicción internacional desde el punto de vista de la noción clásica de soberanía, si bien a la hora de determinar la admisibilidad del asunto de acuerdo con el principio bajo estudio se presente, o al menos parezca presentarse, el riesgo de una cierta ingerencia de la

Corte, pues ésta tendrá que establecer si la jurisdicción nacional es incapaz o no tiene la disposición de castigar a los responsables.

Puede decirse que este principio de complementariedad tiene cierta semejanza, aunque obviamente no puede confundirse, con lo que en materia de protección internacional de los Derechos Humanos se conoce como agotamiento de las vías internas o de los recursos internos, que se constituye como un requisito a efectos de acudir ante las instancias internacionales (específicamente, de carácter regional), para la denuncia de violaciones de los Derechos Humanos, tales como la Corte Interamericana de Derechos Humanos o el Tribunal Europeo de Derechos Humanos. En efecto, se asemeja a dicho agotamiento previo, en tanto se exige, a los fines de la activación de la competencia de estas instancias internacionales, "que se hayan interpuesto y agotado los recursos de la jurisdicción interna" (artículo 46 de la Convención Americana sobre Derechos Humanos o Pacto de San José de Costa Rica); esto es, pues, que se permite a los Estados resolver el asunto dentro de sus límites jurisdiccionales.

Lo mismo ocurre en cuanto al principio de complementariedad de la Corte Penal Internacional, toda vez que ésta, de acuerdo con lo dicho, *"carece, pues, de competencia originaria incluso respecto de los crímenes recogidos en el propio Estatuto de Roma, adquiriéndola sólo de modo subsidiario"*[29], lo que

81

pone de manifiesto la semejanza mencionada con el requisito de agotamiento de los recursos internos en materia de Derechos Humanos, si bien hay que hacer distinción, pues la complementariedad de la Corte es bien específica y tiene una serie de particularidades que deben ser estudiadas para comprender las posibilidades reales de actuación de esta nueva jurisdicción penal internacional.

De cualquier manera, parece pertinente mencionar que los Estados, incluso aquellos que no forman parte del Estatuto de Roma, están indefectiblemente obligados a perseguir y sancionar los crímenes internacionales que se encuentran tipificados en dicho instrumento, de conformidad con el principio de jurisdicción universal[30], advirtiéndose que las normas que describen tales crímenes verdaderamente pueden ser caracterizadas como *ius cogens* (y que, en tal virtud, se encuentran respaldadas por obligaciones *erga omnes*), en tanto Derecho imperativo cuya observancia no puede ser relajada por Estado alguno y bajo ninguna circunstancia (cfr. al respecto el artículo 53 de la Convención de Viena sobre el Derecho de los Tratados, así como la sentencia de la Corte Internacional de

---

[29] LAURENZO COPELLO, Patricia. *Hacia la Corte Penal Internacional*. En, de varios autores: *XII Seminario «Duque de Ahumada». Crímenes contra la Humanidad y Genocidio*. Pág. 37. Ministerio del Interior. Madrid, España. 2001.
[30] A este respecto se afirma que "*el principio de universalidad debería ser aplicable en todos los casos alcanzados por la competencia de la Corte*"; así TRIFFTERER, Otto. *Domésticos de ratificación e implementación*. En: AMBOS, Kai (coord.). *La nueva justicia penal supranacional. Desarrollos post-Roma*. Pág. 34. Editorial Tirant Lo Blanch. Valencia, España. 2002.

Justicia en el caso Barcelona Traction, que se pronuncia expresamente sobre el genocidio como ejemplo paradigmático de las obligaciones *erga omnes*).

No obstante esta obligación, puede decirse que la persecución y el castigo de los crímenes internacionales previstos en el Estatuto por las jurisdicciones internas de cada Estado se presenta como una solución ciertamente conveniente o adecuada, pues se consigue dar cumplimiento al *ius puniendi* contra los responsables de tales actos, pero es al mismo tiempo exigua o insuficiente. Esto porque, en verdad, es sabido que no siempre los Estados tienen la disposición o son capaces de llevar a cabo el juzgamiento y represión de quienes cometen crímenes internacionales, particularmente por cuanto sus autores son, por lo general, altos funcionarios del gobierno o, incluso, Jefes de Estado, lo que hace que la carga política sea especialmente intensa, negándose así cualquier actuación contra tales responsables, y dejándose impunes los crímenes cometidos, precisamente lo que se quiere evitar.

En este sentido, es posible afirmar que la Corte, y su complementariedad, se constituyen como una garantía para el cumplimiento de la obligación natural de las jurisdicciones nacionales de perseguir y sancionar a los responsables que han cometido los crímenes internacionales previstos en su Estatuto. Se garantiza de tal forma que, si no es ejercida la potestad punitiva del

Estado contra los responsables, la Corte podrá intervenir supliendo tal deficiencia. Concluyentemente se ha señalado que la razón de ser de la Corte *"es impedir que por razones políticas, intereses económicos subyacentes o problemas estructurales de las jurisdicciones internas, los acusados de tales crímenes queden sin juzgamiento"*[31], por lo que su jurisdicción complementaria representa un mecanismo más, sumándose a las jurisdicciones nacionales, de persecución y castigo de quienes cometan los mencionados crímenes, ante la posibilidad, en lo absoluto remota, de que no sean juzgados *debidamente* en el ámbito interno.

Ahora bien, antes de pasar a analizar en detalle este principio de complementariedad que rige a la Corte, se considera útil hacer una breve mención de la discusión precisamente en torno a la consagración de este principio en el Estatuto de Roma, lo que contribuirá a comprender la razón por la cual quedó establecido como tal.

En efecto, las discusiones que se generaron con anterioridad a la suscripción del Estatuto, pueden dividirse en dos tendencias generales, a saber, la de aquellos Estados que defendían "su soberanía", exigiendo que la Corte no pudiese actuar a menos que las jurisdicciones internas fuesen incapaces de llevar a cabo el

---

[31] PERRONE-MOISÉS, Cláudia. *O princípio de complementaridade no Estatuto do Tribunal Penal Internacional e a soberania contemporánea.* Op. cit., pág. 4. (Traducción por el autor).

juzgamiento de los responsables (por ejemplo, en virtud de su colapso absoluto), pues de lo contrario, según su concepción del asunto, podía convertirse a la Corte en un Tribunal de Apelaciones.

De otra parte, se observaba también una tendencia seguida por aquellos Estados cuya intención era la de dar la mayor amplitud posible a la jurisdicción de la Corte, a efectos de no crear una nueva jurisdicción internacional que no pudiese actuar ante la impunidad de los autores de crímenes internacionales, por lo cual exigían que en el caso en que las jurisdicciones internas no estuvieren dispuestas, esto es, no tuviesen la intención objetiva, de juzgar y castigar a los responsables, la Corte debía ejercer su jurisdicción.

Ambas posiciones quedaron de algún modo reflejadas en la regulación que actualmente contiene el Estatuto, procurándose que la Corte respetara la soberanía de cada Estado, pero que el mismo tiempo fuese eficaz y no un tribunal cuya utilidad fuese prácticamente nula, acordándose la necesidad de su actuación en los casos en que no haya intervenido la jurisdicción interna, ya sea por incapacidad o por no tener la disposición o el ánimo de hacerlo, advirtiéndose que no puede tratarse de un juzgamiento "simulado", es decir, dirigido a dejar impunes a los responsables.

IV. Admisibilidad del asunto conforme al principio de complementariedad

El principio de complementariedad se encuentra consagrado ya en las primeras líneas del Estatuto de Roma, toda vez que en el décimo párrafo de su Preámbulo se destaca expresamente "que la Corte Penal internacional establecida en virtud del presente Estatuto será complementaria de las jurisdicciones penales nacionales". Asimismo, el artículo 1° de dicho Estatuto indica que la Corte "tendrá carácter complementario de las jurisdicciones penales nacionales".

No obstante, estas alusiones a la complementariedad de la Corte son generales y se han incluido en el Preámbulo así como en el artículo 1° del Estatuto, para poner de relieve que esta nueva jurisdicción supranacional tiene naturaleza complementaria respecto a las jurisdicciones nacionales. Entretanto, la incidencia en la praxis de este principio de complementariedad (es decir, en la actuación de la Corte en los asuntos que le sean sometidos a su conocimiento) se encuentra desarrollada específicamente en el artículo 17 del Estatuto de Roma, el cual hace referencia a la admisibilidad de la causa en base a este fundamental principio (si bien, como se verá, el artículo 20.3 del Estatuto también es de importancia a este respecto).

En el mencionado artículo 17 se establecen una a una las causales o razones por las cuales, en virtud de su complementariedad, la Corte ha de declarar inadmisible un asunto determinado; particularmente se estatuyen en el párrafo 1 de dicho artículo cuatro (4) causales que pueden conllevar la inadmisibilidad del asunto, en tanto en tales supuestos, si la Corte procediera a ejercer su jurisdicción, violaría la preferencia que se ha querido otorgar a las jurisdicciones nacionales de conformidad con el principio de complementariedad, entendido, según se ha indicado antes, como presupuesto procesal del procedimiento ante esta jurisdicción penal internacional.

Así, el referido párrafo 1 del artículo 17 del Estatuto de Roma, contentivo de las causales de inadmisibilidad conforme al principio de complementariedad, dispone lo siguiente:

"La Corte teniendo en cuenta el décimo párrafo del preámbulo y el artículo 1, resolverá la inadmisibilidad de un asunto cuando:

a) El asunto sea objeto de una investigación o enjuiciamiento en el Estado que tiene jurisdicción sobre él salvo que éste no esté dispuesto a llevar a cabo la investigación o el enjuiciamiento o no pueda realmente hacerlo;

b) El asunto haya sido objeto de investigación por el Estado que tenga jurisdicción sobre él y éste haya decidido no incoar acción penal contra la persona de que se trate, salvo que la decisión haya obedecido a que no esté dispuesto a llevar a cabo el enjuiciamiento o no pueda realmente hacerlo;

c) La persona de que se trate haya sido ya enjuiciada por la conducta a que se refiere la denuncia, y la Corte no pueda incoar el juicio con arreglo a lo dispuesto por el párrafo 3 del artículo 20;

d) El asunto no sea de gravedad suficiente para justificar la adopción de otras medidas por la Corte".

De este modo quedan enunciadas en el Estatuto de la Corte las causales en virtud de las cuales ésta declarará la inadmisibilidad del asunto, observándose entonces que quiso darse cabida, como se dijo anteriormente, a las distintas tendencias objeto de debate acerca del mecanismo de complementariedad y su aplicación en la práctica, a efectos de no "coartar" la "soberanía" de los Estados, y a su vez, tener una Corte cuyo funcionamiento pudiera realizarse efectivamente en la realidad de la lucha contra los crímenes internacionales de mayor trascendencia para la humanidad.

En este sentido, y como lo ha destacado RODRÍGUEZ CEDEÑO[32], la complementariedad de la Corte no puede entenderse como una relación de subordinación respecto a los tribunales nacionales, así como tampoco puede esta Corte ser tenida como un

---

[32] Así lo afirma en RODRÍGUEZ CEDEÑO, Víctor. *Temas de derecho internacional. I. La justicia internacional.* Pág. 102. Italgráfica. Caracas, Venezuela. 1996.

tribunal de apelación, que venga a rectificar decisiones ya tomadas por la jurisdicción interna de cada Estado; y es por este entendimiento que se ha concebido esta especial regulación de la complementariedad contenida en el artículo 17 del Estatuto.

En dicho artículo, entonces, se recogen específicas causales que dan lugar a la inadmisibilidad del asunto, pudiendo afirmarse que las dos primeras (literales a y b) están directamente referidas a la actuación o intervención de la jurisdicción interna respecto al asunto de que se trate, a ello se enlaza la existencia de la cosa juzgada (literal c), mientras que la última (literal d) está más bien referida a lo que en diversos sistemas procesales penales, como el venezolano, se conoce como principio de oportunidad, siendo todas estas causales manifestaciones claras de la complementariedad de la Corte Penal Internacional.

Lo normal, e incluso lo deseable, es que las jurisdicciones nacionales pudiesen en todos los casos ejercer su potestad punitiva en contra de los responsables de crímenes internacionales; sin embargo, hay que estar conscientes de que ello no es posible siempre, por lo que de alguna forma debe suplirse esta falencia de los tribunales nacionales. En efecto, y como se ha dicho con aguda claridad, *"la creencia en el jefe de Estado bueno, protector de los derechos humanos en virtud de su propio poder, es ingenua e ignora el deseo incontenible del hombre de acumular poder"*[33], lo que exige la intervención de una institución que logre poner fin a la impunidad cuando los Estados no quieren hacer justicia respecto a los mencionados crímenes, particularmente por la participación de sus funcionarios en tales actos, o cuando, en verdad, son incapaces materialmente de hacerlo.

Cabe indicar, antes de pasar a un breve análisis de los supuestos de inadmisibilidad del asunto, que la Corte, de acuerdo con el principio de la *kompetenz-kompetenz*, previsto en el artículo 19.1 de su Estatuto, debe cerciorarse de ser competente en todas las causas que le sean sometidas a su conocimiento, agregándose en la misma disposición que ésta podrá determinar de oficio la admisibilidad de una causa de conformidad con el artículo 17, anteriormente mencionado, y advirtiéndose que, según lo establecido en el artículo 19.2, la admisibilidad del asunto puede ser impugnada por el acusado, el Estado con jurisdicción sobre la causa y el Estado cuya aceptación se requiera a efectos del ejercicio de la competencia de la Corte (artículo 12 del Estatuto).

Esta labor revisora de la admisibilidad del asunto corresponde, conforme a la estructura de la Corte, a su Sala de Cuestiones Preliminares, según se desprende de lo dispuesto por el artículo 57.2.a del Estatuto, así como del propio funcionamiento y

---

[33] FLEINER, Thomas. *Derechos Humanos*. Pág. 49. Editorial Temis. Santa Fe de Bogotá, Colombia. 1999.

atribuciones de las distintas Salas que conforman la Corte, reiterando que la complementariedad es un presupuesto procesal, por lo que ciertamente aparece como una cuestión preliminar a ser dilucidada desde el primer momento, siempre y cuando, de conformidad con el artículo 19.6 del Estatuto, el procedimiento se encuentre en un estado anterior a la confirmación de los cargos, toda vez que después de confirmados estos, la decisión sobre la admisibilidad corresponderá a la Sala de Primera Instancia, según ese mismo artículo y con arreglo a lo expresamente señalado en la Regla 60 de las Reglas de Procedimiento y Prueba.

1. La actuación de la jurisdicción interna (las dos primeras causales de inadmisibilidad)

Ahora bien, ya entrando en el análisis detenido de la admisibilidad conforme a la complementariedad de la Corte, debe decirse que la primera causal de inadmisibilidad de un asunto (artículo 17.1.a) conlleva que no pueda someterse éste a la jurisdicción de la Corte cuando el mismo fuere objeto de investigación o enjuiciamiento por alguna jurisdicción nacional, es decir, que, al momento de elevarse el asunto a conocimiento de la Corte, ya éste esté siendo investigado o juzgado internamente, por lo que deberá dejarse que tales trámites prosigan normalmente, sin que pueda pretender intervenir la Corte, pues el efecto perseguido, que se juzgue a los culpables, está llevándose adelante. De esta manera, se descarta plenamente la posibilidad de procedimientos paralelos que se siguiesen simultáneamente en la jurisdicción nacional e internacional, debiendo la Corte declinar su jurisdicción a favor de la del Estado que se esté ocupando del asunto.

De hecho, sería contraproducente el que se permitiera el enjuiciamiento paralelo y simultáneo de una persona ante la jurisdicción nacional e internacional, que conduciría probablemente a la obtención de sentencias disímiles o totalmente contradictorias, pudiendo quedar absuelta en una jurisdicción y condenada en la otra. Esto tiene que ver, además, con la garantía, sobre la que se volverá luego, del *non bis in ídem*, reconocida en diversos instrumentos internacionales de Derechos Humanos (v.gr. artículo 14.7 del Pacto Internacional de Derechos Civiles y Políticos, artículo 8.4 de la Convención Americana de Derechos Humanos, entre otros); toda vez que dicha garantía comprende, además de la prohibición de someter a enjuiciamiento a determinada persona por algo por lo cual ya sido juzgada, que ninguna persona pueda tener contemporáneamente pendiente más de una persecución penal con relación al mismo hecho delictivo[34].

A este mismo respecto debe hacerse énfasis en que la investigación o el enjuiciamiento por parte del Estado debe estarse

---

[34] Así lo entiende CAFFERATA NORES, José I. *Proceso penal y derechos humanos*. Pág. 100. Editores del Puerto. Buenos Aires, Argentina. 2000.

verificando al momento de elevar el asunto a la Corte Penal Internacional, esto es, se exige su carácter previo, puesto que de no ser así se correría el evidente riesgo de que alguna jurisdicción nacional, ante la noticia del sometimiento del asunto a la Corte, y a efectos de concretar la impunidad para el presunto responsable, comenzara las investigaciones para alegar luego ante la Sala de Cuestiones Preliminares (o de Primera Instancia si fuere el caso) que las investigaciones pertinentes están siendo realizadas por la jurisdicción interna, exigiendo así la inadmisibilidad del asunto, lo que es inaceptable y puede además entrar en el supuesto de excepción que se consagra en la propia enunciación de esta causal de inadmisibilidad, como se verá posteriormente.

A su vez, la segunda causal de inadmisibilidad del asunto (artículo 17.1.b), estrechamente vinculada con la anterior, impone tal consecuencia cuando la cuestión haya sido efectivamente investigada por la jurisdicción interna, pero que se haya decidido, como corolario de dicha actividad de investigación, no proceder a incoar acción penal contra la persona acusada de haber cometido crímenes internacionales.

Esta decisión es obviamente posible, y debe serlo, en los diversos sistemas procesales del mundo, como quiera que no toda investigación de un presunto delito conlleva necesariamente la consecución de un proceso penal, puesto que ciertos supuestos determinan el que no proceda incoar acción penal, tal y como ocurre con el denominado sobreseimiento de la causa, por medio del cual se decide precisamente no formular acusación alguna, terminando el procedimiento en una etapa preparatoria[35], o cuando el Ministerio Público, *motu propio* y en su carácter de parte de buena fe, decide archivar las actuaciones por ser insuficiente para el juzgamiento el resultado de las investigaciones realizadas.

En este supuesto, pues, el caso se ha cerrado, es decir, que se han realizado ciertamente las investigaciones correspondientes, decidiéndose no accionar penalmente contra la persona, por lo que se trata de una actividad anterior de la jurisdicción interna ya concluida, que precedería al sometimiento del asunto al conocimiento de la Corte, lo que impide que ésta conozca del mismo por haber sido debidamente investigado. Debe advertirse que, si bien este tipo de decisiones de las jurisdicciones internas (de no incoar acción penal) tienen la autoridad de cosa juzgada[36], se le ha querido distinguir de las sentencias definitivas que también gozan de dicha autoridad, a efectos de destacar, según aquí se entiende la cuestión, que en

---

[35] De acuerdo con el ordenamiento jurídico venezolano, el sobreseimiento procede cuando: 1. El hecho no se realizó o no puede atribuirse al imputado; 2. El hecho no es típico o concurre una causa de justificación, inculpabilidad o de no punibilidad; 3. La acción penal se ha extinguido o resulta acreditada la existencia de cosa juzgada; 4. No haya bases probatorias suficientes para solicitar fundadamente el enjuiciamiento del imputado; 5. Cuando expresamente lo establezca la ley (artículo 300 del Código Orgánico Procesal Penal).
[36] Así lo reconoce expresamente, por ejemplo, el artículo 301 del Código Orgánico Procesal Penal venezolano.

muchos casos los Estados, por su vinculación con los crímenes internacionales o el carácter político de los mismos, tratan de hacer ver que han investigado el asunto, excluyendo sin embargo el juzgamiento por medio de esta clase de decisiones en la que no es ejercida la acción penal, mientras que resulta algo más inusual que el Estado, con los mismos fines, lleve a cabo toda la investigación y el enjuiciamiento para, en última instancia, absolver a la persona de que se trate.

Estas dos primeras causales de inadmisibilidad a las que se ha aludido están, como se dijo, vinculadas, pues en ambos supuestos la inadmisibilidad del asunto es consecuencia de la actuación de las jurisdicciones nacionales sin que se haya dictado sentencia condenatoria (o absolutoria) contra el acusado, bien porque no se haya llegado a dicho estado en el proceso que está llevándose a cabo, bien porque se haya decidido no incoar acción penal.

Pero, además, tales causales de inadmisibilidad se encuentran asimismo vinculadas en tanto conocen excepciones en virtud de las cuales la actuación del Estado puede no sustentar tal inadmisibilidad, en virtud de no satisfacer la exigencia de justicia que quiere lograrse respecto a los crímenes internacionales, conllevando así la posibilidad de intervención de la jurisdicción complementaria de la Corte.

En efecto, esa actuación de la jurisdicción interna no podrá considerarse como válida a los fines de declarar inadmisible un asunto cuando se constate que el Estado que esté actuando o hubiere actuado respecto a éste, no tenga la disposición de llevar a término la investigación o el enjuiciamiento, esto es, que por el contrario tenga la intención de dejar impunes a los autores de crímenes internacionales; o no pueda realmente hacerlo, es decir, que sea incapaz de asumir satisfactoriamente la investigación o el enjuiciamiento respecto a tales crímenes. De esta forma, son dos las excepciones en virtud de las cuales el asunto será admisible a pesar de la actuación de las jurisdicciones nacionales, a saber: la falta de disposición y la incapacidad.

La declaratoria de falta de disposición o de incapacidad de las jurisdicciones internas, entonces, dará lugar a que la Corte conozca del asunto aunque las autoridades nacionales hayan actuado con respecto al mismo. Esto, por supuesto, implica que la Corte tendrá que pronunciarse acerca de la "procedencia" de la actuación de los Estados, específicamente acerca de si es que acaso tienen el ánimo de dejar impunes a los responsables de los crímenes internacionales tipificados o si más bien, simplemente, se trata de "jurisdicciones incapaces o inidóneas", declaratoria, a todas luces, bastante comprometida en tanto se estará juzgando ya la propia actuación de las jurisdicciones nacionales, lo que puede conllevar ciertamente algunas incomodidades para éstas, si es que la Corte llega a declararles carentes de disposición o capacidad para llevar a cabo la debida persecución y juzgamiento que requiere la justicia penal internacional.

Como advierte con meridiana claridad el profesor RODRÍGUEZ CARRIÓN, al hacerse posible admitir un asunto en los mencionados supuestos *"en mayor o menor medida se podría asistir a un intento de calificación de las jurisdicciones nacionales como aceptables o inaceptables, invocando el concepto de las divisiones de los Estados entre bárbaros, semicivilizados y civilizados, según su capacidad de organización judicial"*[37], por lo que no será nada fácil para la nueva jurisdicción penal supranacional declarar admisible un asunto con fundamento en las excepciones de falta de disposición o incapacidad de las jurisdicciones domésticas, representando ello, por ende, un escollo para la activación de la jurisdicción complementaria de la Corte.

A pesar de tal dificultad, cabe destacar que la decisión acerca de esa falta de disposición o incapacidad ha procurado limitarse o, más bien, orientarse, de acuerdo con ciertas disposiciones del propio Estatuto a este respecto, a efectos de que la discrecionalidad de la

---

[37] RODRÍGUEZ CARRIÓN, Alejandro J. *Aspectos procesales más relevantes presentes en los Estatutos de los Tribunales Penales Internacionales: condiciones para el ejercicio de la jurisdicción, relación con las jurisdicciones nacionales.* En: ESCOBAR HERNÁNDEZ, Concepción (Ed.). *Creación de una jurisdicción penal internacional.* Pág. 172. Colección Escuela Diplomática No. 4. Madrid, España. 2000.

Corte al momento de hacer un pronunciamiento tan espinoso como éste no sea demasiado amplia y pretendiendo de esta forma establecer un cierto marco que permita resolver si tales supuestos, que impedirían la correcta persecución y juzgamiento de los crímenes, se configuran en un caso determinado.

Efectivamente, en el mismo artículo 17 del Estatuto se establece una serie de pautas de las que deberá servirse la Corte a objeto de determinar la falta de disposición (párrafo 2) o la incapacidad de las jurisdicciones internas (párrafo 3), haciendo especial énfasis en el cumplimiento de los estándares mínimos reconocidos por el Derecho internacional para la persecución y juzgamiento de los responsables de crímenes internacionales.

Esto entraña, en consecuencia, que la decisión no pueda ser completamente arbitraria sino que, por el contrario, deba ser acorde a los criterios orientadores que el propio Estatuto impone a objeto de afirmar la existencia de alguna de estas dos circunstancias, con lo cual se impone una motivación razonada que la Corte tendrá que llevar a cabo a esos fines.

1.1. La excepción de falta de disposición

De esta forma, en lo que atañe a la falta de disposición, el párrafo 2 del artículo 17 del Estatuto estipula que para determinar la existencia de dicho supuesto la Corte habrá de examinar si en el caso concreto se verifica una o varias de las circunstancias allí enunciadas (advirtiéndose entonces que las mismas pudieran concurrir), siendo tales:

"a) Que el juicio ya haya estado o esté en marcha o que la decisión nacional haya sido adoptada con el propósito de sustraer a la persona de que se trate de su responsabilidad por crímenes de la competencia de la Corte, según lo dispuesto en el artículo 5; b) Que haya habido una demora injustificada en el juicio que, dadas las circunstancias, sea incompatible con la intención de hacer comparecer a la persona de que se trate ante la justicia; c) Que el proceso no haya sido o no esté siendo sustanciado de manera independiente o imparcial y haya sido o esté siendo sustanciado de forma en que, dadas las circunstancias, sea incompatible con la intención de hacer comparecer a la persona de que se trate ante la justicia".

Así, pues, se han previsto tres situaciones o circunstancias que puede tomar la Corte como indicativas de la falta de disposición de la jurisdicción nacional a actuar respecto al asunto, a saber, entonces: que el juicio o la decisión respondan a la intención de dejar impune a la persona, que no se esté respetando el denominado "plazo razonable", o que los órganos jurisdiccionales no sean independientes o imparciales.

Estas pautas valorativas, ciertamente, dejan ver que tales situaciones son contrarias a la exigencia de justicia frente a los crímenes internacionales previstos en el Estatuto, puesto que en las tres circunstancias enumeradas *ut supra* queda evidenciado que la jurisdicción nacional no tiene disposición alguna de perseguir y juzgar tales crímenes, actuando de tal forma que lo que se busca es más bien la impunidad de los mismos, por lo que se hace necesaria la intervención de la jurisdicción penal internacional.

No obstante esto, hay que indicar con el mayor realismo que la determinación de esta falta de disposición de acuerdo con las pautas en cuestión no es sencilla, si bien en algunos casos específicos tales circunstancias saltarán a la vista, por el afán del Estado de poner a los responsables fuera del alcance de la justicia penal (tanto interna como internacional); lo que no obsta para afirmar que tales pautas representan un medio conveniente (en tanto aparecen a guisa de "interpretación auténtica", es decir, del propio Estatuto) para determinar si existe o no la disposición requerida.

Antes de hacer una breve referencia a cada una de estas pautas valorativas, es importante observar que la enumeración que de las mismas hace el artículo 17.2 del Estatuto tiene carácter taxativo, es decir, que no deja a la Corte la posibilidad de contemplar otro tipo de circunstancias[38]. De esta forma, la Corte tendrá que respetar este marco que el propio Estatuto le ha impuesto a efectos de tomar una decisión acerca de la falta de disposición de las jurisdicciones internas.

Ahora bien, la primera circunstancia indicativa de falta de disposición es la intención de sustraer a los culpables de la acción de la justicia, criterio bastante genérico. En todo caso, podría decirse que se trata de supuestos en que los Estados declaran abiertamente a favor de los responsables, por ejemplo, considerándolos "héroes nacionales" o "personas merecedoras de honores patrios", entre otros calificativos semejantes. También podría desprenderse tal intención de la realización de un juicio sumario y secreto que haya llevado a no incoar acción penal alguna y sobre el que no se dé información alguna o las investigaciones sean realizadas de modo tal que no se tenga acceso a las resultas parciales de las mismas, salvo en lo que respecto a informaciones confidenciales que puedan comprometer el

---

[38] LIROLA DELGADO y MARTÍN MARTÍNEZ, Isabel y Magdalena M. *La Corte Penal Internacional. Justicia versus Impunidad*. Pág. 159. Editorial Ariel. Barcelona, España. 2001; donde, sin embargo, sostienen que ello no obsta para que la Corte pueda tomar en cuenta otras circunstancias, afirmando que una de ellas podría ser, citando a PUEYO LOSA, "que el Estado no haya procedido a incorporar en su ordenamiento interno los tipos penales establecidos en el Estatuto". No se comparte tal opinión en tanto se entiende que la ausencia de tipificación de los crímenes internacionales previstos en el Estatuto representaría más bien una falta de capacidad de llevar a cabo la persecución y el juzgamiento de los responsables, pues el Estado, aunque tenga toda la disposición de hacerlo, e incluso le parezca despreciable la impunidad de los mismos, no podrá activar su jurisdicción penal en virtud del principio de legalidad que rige en materia penal (*nullum crimen, nulla poena sine lege*), si bien se harán posteriormente algunas advertencias al respecto.

secreto de Estado o que resulten perjudiciales para las víctimas implicadas. Por último también podría dejar en evidencia la señalada intención, el que el propio Estado colabore con los responsables a escapar de la justicia, brindándole medios para ellos, encubriéndolos o dándoles resguardo de alguna clase y por determinados medios, como habitación segura, transporte, entre otros (como hipotéticamente hubiera sido el caso en Venezuela respecto al conocido Vladimiro Montesinos de no ser porque finalmente se llevó a cabo su extradición a Perú). De cualquier manera, hay que apuntar que se trata de una pauta sumamente amplia y que abarca a las dos siguientes, en tanto ambas muestran en definitiva esa intención del Estado de dejar impunes a los responsables.

Es necesario resaltar, como lo ha hecho GRAMAJO, que *"no debe confundirse, además, la falta de voluntad de perseguir el delito con un resultado negativo de las investigaciones, el cual puede atribuirse a diferentes razones, no necesariamente imputables al Estado"*[39]; por lo que no sería posible que la Corte admitiese un asunto únicamente porque la investigación nacional no conllevó el enjuiciamiento del implicado, puesto que ello puede haber ocurrido simplemente porque, por ejemplo, no existía un cúmulo probatorio suficiente que permitiese fundar una acusación en su contra, lo cual,

---

[39] GRAMAJO, Juan Manuel. *El Estatuto de la Corte Penal Internacional.* Pág. 135. Editorial Ábaco. Buenos Aires, Argentina. 2003.

como es evidente, no refleja en modo alguno que el Estado tenga la intención de dejar impune a dicha persona.

Así pues, la segunda circunstancia o criterio para determinar la falta de disposición se refiere a la existencia de una demora injustificada en las investigaciones o el juzgamiento de los responsables, vale decir, que no se esté dando cumplimiento a lo que en materia de Derechos Humanos y debido proceso se ha venido a denominar "plazo razonable", noción mayoritariamente aceptada como exigencia del juicio justo y de la tutela judicial efectiva, y sobre la que se han pronunciado los tribunales regionales de Derechos Humanos (tales como la Corte Interamericana y el Tribunal Europeo), en variadas sentencias de notoria importancia a efectos de la definición de dicho plazo.

Cuando se habla de "plazo razonable" quiere decirse que todo proceso debe ser llevado a cabo sin dilaciones excesivas o retardos innecesarios, ya que ello va en detrimento de la correcta administración de justicia, particularmente cuando se trata de procesos penales, en los que se requiere con mayor intensidad que no haya demora injustificada alguna, pues tanto las víctimas como los acusados deben gozar del derecho a un debido proceso y a una tutela judicial efectiva que comprenda la solución del conflicto con la mayor prontitud posible, a efectos de no intensificar la tensión inherente a la comisión de un delito, es decir, la que ello genera en ambas partes, puesto que éstas quedan estigmatizadas (el acusado, por el proceso y la marca que el propio delito deja en su interior; y la víctima, por la afectación que le ha producido el delito cometido, vulnerando un bien jurídico del que es tributario y cuya protección le ofrece el ordenamiento jurídico-penal).

Sumado a ello, como apunta correctamente CAFFERATA NORES[40], la necesidad de cumplir con un plazo razonable se deriva de la exigencia de poner fin a la incertidumbre que produce todo proceso penal, en el que se pone en tela de juicio la presunción de inocencia que ampara a toda persona, por lo que no es admisible su indefinición de manera indefinida.

El plazo razonable exige, de tal manera, no el mero acceso a la justicia o al derecho de petición y respuesta que tiene todo ciudadano, sino, más allá de ello, la fijación de pautas temporales que permitan una justicia pronta, a efectos de no incurrir en una denegación de justicia, en virtud de la demora o el retardo en que pudiera verse inmerso un proceso en un momento dado. Evidentemente, el incumplimiento del plazo razonable muestra la falta de disposición del Estado, pues retrasando la investigación y el enjuiciamiento, se persigue excluir de la acción de la justicia a los responsables de crímenes internacionales, pretendiéndose incluso la

---

[40] CAFFERATA NORES, José I. *Proceso penal y derechos humanos.* Op. cit., pág. 178.

prescripción de los mismos, si bien de forma infructuosa toda vez que tales crímenes, por su propia entidad, son imprescriptibles, tal y como refiere el artículo 29 del Estatuto de Roma, así como también lo hace expresamente desde hace más de 30 años, el artículo 1 de la Convención de las Naciones Unidas, de 26 de noviembre de 1968, sobre la imprescriptibilidad de los crímenes de guerra y crímenes de lesa humanidad (siendo oportuno destacar, a su vez, que la Constitución venezolana de 1999 consagra igualmente dicha imprescriptibilidad en su artículo 29).

Sumado a esto, debe decirse que los Estados que pretenden la impunidad de los responsables, demoran injustificadamente las investigaciones y enjuiciamientos por cuanto con ello buscan que la sociedad olvide los crímenes cometidos, basándose en la conocida frase según la cual "el tiempo lo cura todo", a efectos de que el castigo no siga siendo exigido por la comunidad, y arguyendo, para disfrazar su intención, que eso es lo mejor para lograr la paz social.

Ahora bien, si se exige el cumplimiento de un plazo razonable, es necesario determinar cuándo se excede el mismo, esto es, en qué condiciones resulta posible afirmar una vulneración de dicho plazo razonable. Para ello, la jurisprudencia de los tribunales regionales de Derechos Humanos, como se dijo anteriormente, es de gran importancia, toda vez que la misma ha emprendido la construcción de unos criterios para la determinación del plazo razonable, y que, en tal virtud, deberán tomarse en cuenta en el análisis de la existencia de una demora injustificada como circunstancia indicativa de la falta de disposición del Estado.

Así, pues, de acuerdo a la mencionada jurisprudencia, actualmente pacífica y reiterada, los criterios para determinar la razonabilidad del plazo son, fundamentalmente, tres, cuales son los siguientes: 1) complejidad del asunto, 2) actuación del Estado y sus autoridades, 3) actuación de los peticionantes, demandantes o víctimas[41]. Estos criterios deben analizarse conjuntamente, es decir, debe hacerse un estudio global de los mismos, por lo que no han de ser tomados aisladamente como determinantes.

No se pretende explicar en el presente trabajo cada uno de los mencionados criterios[42], sin embargo, puede afirmarse que entre más complejo sea el caso o asunto que esté ventilándose, ciertamente la investigación y el enjuiciamiento puede durar más tiempo que si se trata de un caso sencillo (en cuanto a la comisión de crímenes internacionales hay que concluir que por lo general se tratará de casos complejos, en lo s que habrá que recabar una gran número de

---

[41] Véase, entre otros, *Caso Genie Lacayo*, Corte Interamericana de Derechos Humanos (CIDH), 29 de enero de 1997; *Caso Las Palmeras*, CIDH, 6 de diciembre de 2001; *Caso Eckle*, Tribunal Europeo de Derechos Humanos (TEDH), *Caso Ruiz Mateos vs. España*, TEDH, 23 de junio de 1993; *Caso Motta vs. Italia*, TEDH, 19 de febrero de 1991.

[42] Un estudio más detenido de los criterios en cuestión puede verse en PICÓ I JUNOY, Joan. *Las garantías constitucionales del proceso*. Págs. 121 y siguientes. J.M. Bosch Editor. Barcelona, España. 1997.

testimonios, documentos, etc., por lo que sólo en algunos casos la comisión de tales crímenes será evidente, y en tal virtud de sencilla o relativamente sencilla determinación).

Respecto a la actuación del Estado y sus autoridades, será preciso observar si las mismas están interviniendo en el asunto con la debida diligencia, dando respuesta a la petición de las víctimas o demandantes, así como demostrando su labor efectiva tanto en la investigación como en el enjuiciamiento. En parecido sentido, habrá que analizar si las víctimas, peticionantes o demandantes, están actuando constantemente y poniendo interés en la consecución de las investigaciones y el enjuiciamiento, no dejando abandonados los procedimientos, sino solicitando siempre su continuación y actuando conforme a las atribuciones que le correspondan de acuerdo con el ordenamiento jurídico de que se trate, si bien advirtiéndose que no toda la carga es de los mismos, por lo que muchas veces serán las autoridades las únicas que tendrá un deber de actuación al respecto.

Finalmente la última pauta valorativa para determinar la falta de disposición de acuerdo al párrafo 2 del artículo 17, es la relativa a la ausencia de independencia o imparcialidad, es decir, cuando el proceso se esté sustanciando o haya sido sustanciado faltando estos caracteres esenciales del juicio justo. De esta forma, los órganos jurisdiccionales, así como la Fiscalía o Ministerio Público, no pueden estar parcializados o ser dependientes de otros poderes, especialmente del Ejecutivo, lo que es imprescindible a efectos de garantizar la debida transparencia durante la investigación y el enjuiciamiento.

Efectivamente, cuando los encargados de llevar adelante la actuación contra los responsables, lucen parciales o dependientes, ello es muestra de la intención que se tiene de dejarles impunes, pues no puede haber seguridad acerca de la objetividad en dicha actuación, corriéndose el riesgo de excluirles de la acción de la justicia. Ello ocurre especialmente en este tipo de crímenes en los que los autores y partícipes generalmente forman parte del aparato estatal, por lo que éste les ofrece protección también incidiendo en las autoridades competentes, exigiéndoles den un "tratamiento especial" a tales personas, soslayando su independencia e imparcialidad, e interviniendo de manera impropia en el asunto, por lo cual se habla de *criminalidad del sistema*, en tanto es el propio Estado, a través de alguna de las personas físicas que lo representan, quien infringe la norma, agregándose que en este tipo de criminalidad, los poderes públicos procuran depurar las responsabilidades penales de otros miembros de la organización estatal[43]; por colocarlo en otros términos, al pertenecer al mismo

---

[43] SPINELLIS, Dionysios. *Criminalidad estatal, criminalidad del sistema y derecho penal*. En: ARROYO ZAPATERO y BERDUGO GÓMEZ DE LA TORRE, Luis A. e Ignacio. *Homenaje al Dr. Marino Barbero Santos. In Memoriam*. Volumen II. Pág. 683. Ediciones de la Universidad de Castilla-La Mancha y Ediciones de la Universidad de Salamanca. Cuenca, España. 2001.

bando, obviamente que mal podrá sostenerse la imparcialidad e independencia de tales factores de poder.

Ejemplos de situaciones en los que falta la requerida independencia e imparcialidad, son los supuestos en que el Estado remueve tácticamente a los funcionarios del Poder Judicial así como a los fiscales encargados de llevar adelante la investigación y el ejercicio de la acción penal; igualmente, la filiación ideológica o partidista de tales funcionarios a la mantenida por los responsables, habitualmente coincidente con la orientación de la política estatal y sus funcionarios de alta jerarquía (que, además, también pueden ser responsables de crímenes internacionales, como la experiencia lo ha demostrado). Así, esta falta de independencia e imparcialidad, por ejemplo, se evidenció en el caso de los crímenes cometidos en el territorio de la ex-Yugoslavia, ya que se trataba de todo un régimen implicado en la comisión de dichos crímenes, lo que dio mayor fuerza a la necesidad de crear un Tribunal Penal Internacional *ad hoc*, como en definitiva sucedió.

De esta manera, las tres circunstancias mencionadas (intención de dejar impunes a los responsables, incumplimiento del plazo razonable y falta de independencia e imparcialidad), serán las que la Corte habrá de tomar en cuenta a los efectos de determinar la falta de disposición del Estado, lo que podrá dar lugar, en consecuencia, a la activación de su jurisdicción complementaria, ante la imposibilidad de hacer justicia en la propia jurisdicción interna.

Se trata, en definitiva, de situaciones en las que resulta posible afirmar que no tiene caso aceptar la primacía o preferencia que tienen las jurisdicciones domésticas en tanto las mismas manifiestan su voluntad de obstruir la justicia respecto a los crímenes internacionales cometidos.

1.2. La excepción de incapacidad

En lo que respecta a la incapacidad del Estado de llevar adelante las investigaciones y el enjuiciamiento, como se apuntó anteriormente, también es el propio Estatuto quien propone una pauta valorativa para determinar dicha incapacidad, esto es, que la jurisdicción interna no pueda encargarse del asunto, por encontrarse inhabilitada para ello. En tal sentido, el párrafo 3 del artículo 17 del Estatuto, establece:

"A fin de determinar la incapacidad para investigar o enjuiciar en un asunto determinado, la Corte examinará si el Estado, debido al colapso total o sustancial de su administración nacional de justicia o al hecho de que carece de ella, no puede hacer comparecer al acusado, no dispone de las pruebas y los testimonios

110

necesarios o no está por otras razones en condiciones de llevar a cabo el juicio".

De acuerdo con esta disposición del Estatuto, para determinar la incapacidad del Estado habrá que analizar si se ha verificado un colapso absoluto o de importancia suficiente de su sistema de administración de justicia que le impida lograr la comparecencia del acusado, el recabo del material probatorio o cualquier otra razón que permita concluir que se encuentra inhabilitado para realizar la investigación y el enjuiciamiento.

En este sentido, pues, debe subrayarse que, a diferencia de las pautas relativas a la falta de disposición (párrafo 2 del artículo 17), cuya enumeración es taxativa, en este caso las circunstancias que permiten afirmar la incapacidad del Estado tienen un carácter meramente enunciativo, y por ello se alude a "otras razones", las cuales podrán ser ponderadas en cada caso por la Corte, a efectos de decidir si verdaderamente puede dejarse el asunto en manos de la jurisdicción preferente del Estado. De esta forma, se confiere una mayor discrecionalidad a la Corte respecto a la decisión sobre la incapacidad de las jurisdicciones nacionales, pudiendo ser alegada alguna circunstancia distinta a la indicada en el Estatuto.

Ahora bien, el Estatuto establece como pauta explícita el colapso total o sustancial de la administración nacional de justicia.

Con esto quiere hacerse referencia al desvanecimiento o debilitamiento de los órganos jurisdiccionales del Estado, lo que les impide realizar debidamente sus funciones, al encontrarse afectados como tales, es decir, de manera que su estructuración y personal se encuentran menoscabados, generalmente por la misma comisión de los crímenes internacionales que tendrá como correlativo seguramente un régimen autoritario que no permita el normal funcionamiento del sistema judicial, pudiendo llegar a echarlo abajo.

Motivos del colapso total o sustancial pueden ser el excesivo número de casos que debe conocer el sistema en relación al número de tribunales existentes y capacidad personal que se tenga, o bien el estado de conflicto que impida a los jueces y operadores jurídicos asistir o atender cabalmente los actos judiciales (colocación de bombas, revueltas violentas, atentados, etc.), así como la carencia de los medios necesarios para la función de administrar justicia (sedes tribunalicias, presupuesto económico, cuando menos el estrictamente necesario para operar con normalidad, entre otros), si no es que se verifica la eliminación, que podría ser *de facto* o *de jure*, de toda la administración nacional de justicia.

Cabe detallar que se hace referencia al colapso tanto total como sustancial de la administración de justicia. Y es que, en efecto, dicha afectación puede ser absoluta, mas no se utilizó el término parcial para sumarlo a tal colapso total, sino que se empleó el término sustancial, ya que parcial implicaría mayor amplitud en la determinación de la incapacidad, lo que podría dar a pie a afirmar ésta aún cuando la administración de justicia tenga algunos problemas en su funcionamiento; entretanto, al hablarse de sustancial, ello enfatiza que debe tratarse de un debilitamiento considerable, aunque no absoluto, del sistema que conlleva la imposibilidad de éste a efectos de encargarse de la investigación y el enjuiciamiento.

A esta posibilidad también se refiere el Estatuto cuando menciona como otra circunstancia de incapacidad que en el Estado de que se trate, ya no es que se encuentre colapsada, sino que se carezca propiamente de un sistema de administración de justicia, es decir, de órganos jurisdiccionales que puedan conocer el asunto.

Hay que señalar, a su vez que ese colapso total o sustancial (evidentemente que esto ocurrirá si se carece de toda administración nacional de justicia), debe ser tal que del mismo se derive el que no sea posible lograr la comparencia de la persona acusada o no pueda disponerse de los medios probatorios necesarios. Debe advertirse, en cualquier caso que, en lo que toca a la imposibilidad de hacer comparecer al acusado, se considera que, aún sin el colapso del sistema, pero, por ejemplo, por habérsele negado una solicitud de extradición, la misma se verifique igualmente, también ello implicaría la falta de capacidad, activando la jurisdicción de la Corte, sobre todo por tratarse, como se indicó anteriormente, de una enunciación sin carácter exhaustivo.

Respecto a otras razones que permitan afirmar la incapacidad de la jurisdicción nacional, puede aludirse, en primer término, a la ya mencionada ausencia de tipificación interna de los crímenes competencia de la Corte, en razón de la vigencia en materia penal del reconocido principio de legalidad (*nullum crimen, nulla poena, sine lege*), lo que impediría que el tribunal nacional condenara a los responsables de estos crímenes, lo que sólo es posible si la conducta realizada se encuentra tipificada en una ley penal formal, sancionada de acuerdo con el procedimiento establecido para la formación de las leyes, por el organismo que represente al Poder Legislativo.

A pesar de lo dicho, es necesario hacer algunas apreciaciones a este respecto. Esa incapacidad por ausencia de tipificación interna no es del todo cierta. No lo es por cuanto los crímenes internacionales no requieren hallarse tipificados en leyes nacionales para considerarse tales, siendo autónomos en ese sentido y, por ende, de aplicación directa, por lo que bastaría la ratificación, en este caso del Estatuto de la Corte, a efectos de considerar, también internamente, tipificados tales crímenes, pues, de lo contrario, se llegaría al absurdo de alegar como defensa ante un tribunal nacional que la conducta realizada no está tipificada y, aún más, ante la propia Corte se podría promover el mismo alegato, afirmando la

114

imposibilidad de condena porque en el Estado de que se trate esa conducta no está prohibida penalmente, y en consecuencia es una conducta permitida (según el adagio, propio de una concepción liberal, conforme al cual "todo lo que no está prohibido, está permitido"), resultado verdaderamente inadmisible; lo que también recuerda el principio de la doble incriminación que rige en materia de extradición, en virtud del cual si la conducta realizada está tipificada solamente en el Estado requirente pero no en el requerido, éste último no concederá la extradición de la persona, todo lo cual permite concluir que exigir adicionalmente la tipificación interna llevaría a la absoluta impunidad de innumerables crímenes.

En este orden de ideas, los crímenes internacionales, según aquí se entiende la cuestión, no requieren de una tipificación en el ámbito nacional, si no quiere incurrirse en contrasentidos como los recién señalados, y porque, por una parte, las normas que han tipificado estos crímenes se constituyen como verdaderas normas de *ius cogens*, que no pueden ser desconocidas, ni siquiera ante la carencia de reconocimiento por los ordenamientos jurídicos domésticos, pues tienen fuerza de derecho necesario o imperativo. Por otra parte, porque, como afirma GIL GIL, si se aceptara una ineludible exigencia de tipificación interna, entonces el Derecho penal internacional *"no crearía tipos aplicables directamente a los individuos, sino únicamente obligaciones para los Estados de reprimir determinadas conductas*"[44], con lo que se desvirtuaría absolutamente el verdadero sentido de esta disciplina jurídica.

No obstante, se ha dicho que esta incapacidad (derivada de la falta de tipificación) no es del todo cierta, porque sí lo es, efectivamente, en tanto el principio de legalidad comprende no sólo la descripción de la conducta a efectos de considerarla delictiva (penalmente prohibida en consecuencia), sino también la determinación de la consecuencia jurídica atribuida a dicha conducta, es decir, la pena que ha de serle impuesta a quien incurra en la misma (obsérvese que se habla sólo de pena, por cuanto el Estatuto de la Corte no establece medidas de seguridad, acogiendo en tal virtud un sistema monista de sanción, es decir, en el que se aplican únicamente penas).

Así, el principio de legalidad contiene diversas garantías, no solamente la denominada "garantía criminal", conforme a la cual la conducta debe encontrarse descrita como delito en una ley penal escrita, estricta, previa y cierta; sino también, y junto a la garantía jurisdiccional y de ejecución, la llamada "garantía penal", como exigencia de acuerdo a la cual debe encontrarse legalmente establecida igualmente la clase de pena y su posible cuantía, es decir, se trata de la prohibición de imponer una pena si ésta no se encuentra

---

[44] GIL GIL, Alicia. *Derecho penal internacional. Especial consideración del delito de genocidio*. Pág. 56. Editorial Tecnos. Madrid, España. 1999.

determinada en la ley tanto en lo que atañe a su naturaleza como en lo atinente a su duración[45].

En el Estatuto de la Corte ciertamente las penas no se encuentran determinadas, como sería deseable de acuerdo a la garantía penal inherente al principio de legalidad, en primer lugar porque no se establece qué pena ha de imponerse a cada delito, ni cualitativa ni cuantitativamente; y en segundo lugar, porque se incluyó una cláusula general en el artículo 77, conforme a la cual la Corte podrá imponer cualquiera de las penas señaladas en ese artículo, esto es, la reclusión por un número de años no excedente de 30, o la reclusión a perpetuidad; por lo que una persona que cometa alguno, cualquiera, de los crímenes competencia de la Corte, podría ser sancionado con reclusión de un año o perpetua, lo que evidencia la indeterminación que en esta materia presenta el Estatuto, y que, según aquí se entiende la cuestión, impide la aplicación directa de los tipos penales allí contenidos en los ordenamientos nacionales, requiriéndose entonces la tipificación interna de los crímenes para suplir esta falencia inadmisible en el Derecho penal, asignándose a cada crimen una clase de pena y un marco menos amplio (a diferencia del que va de 1 año hasta reclusión perpetua, cual es el establecido en el artículo 77 del Estatuto)[46].

---

[45] ROXIN, Claus. *Derecho penal. Parte general. Tomo I. Fundamentos. La estructura del delito.* Pág. 138. Editorial Civitas. Madrid, España. 1997; QUINTERO OLIVARES, Gonzalo. *Manual de Derecho penal. Parte general.* Pág. 72. Editorial Aranzadi. Navarra, España. 2000.

No obstante lo dicho, y como se reiterará luego, debe tenerse en cuenta la posibilidad de que un Estado, aunque no haya tipificado expresamente los crímenes internacionales previstos en el Estatuto de Roma, condene a una persona por conductas constitutivas de los mismos pero con una calificación jurídica distinta, por ejemplo, por un concurso de homicidios en vez de por el crimen de genocidio, incluso aplicándole la pena máxima del ordenamiento jurídico de que se trate, en el caso venezolano, la reclusión por 30 años. En ese supuesto, y en aras de preservar el principio *non bis in ídem*, parece necesario reconocer una tal condenatoria, debiendo declararse inadmisible la pretensión de juzgar nuevamente a esa persona ante la Corte Penal Internacional por haberse hecho una calificación jurídica distinta a la del Estatuto de Roma.

Continuando con el análisis de la incapacidad del Estado, puede decirse que otra razón que posibilitaría la determinación de la misma, podría ser la existencia de las denominadas "leyes del olvido", vale decir, de leyes de indulto, perdón y amnistía (también

---

[46] Es oportuno indicar, en todo caso, que la garantía penal del principio de legalidad es menos rígida que la garantía criminal, atendiéndose especialmente a la individualización de la pena, lo que es sin lugar a dudas conveniente, y por ello se considera factible la flexibilización de la determinación de la pena (específicamente sustituyendo el sistema de límites mínimos y máximos, por un sistema de límites máximos únicamente, por supuesto, conjuntamente con el establecimiento de una serie de principios para la individualización judicial de la pena). Admitiendo una "relativa indeterminación" de la pena, cfr. ZUGALDÍA ESPINAR, José Miguel. *Fundamentos de Derecho penal*. Pág. 282. Editorial Tirant Lo Blanch. Valencia, España. 1993.

conocidas como "leyes de punto final"), que excluyen de plano (léase, completamente), el castigo de los responsables de determinados crímenes, muchos de ellos de carácter internacional y de competencia de la Corte, lo que haría incapaces o inhábiles a las jurisdicciones domésticas para llevar a cabo la investigación o enjuiciamiento, al encontrarse imposibilitadas *de jure* para abordar esta tarea, y advirtiéndose al mismo tiempo que tal situación no resulta en lo absoluto inusual, así ha ocurrido, por ejemplo, en Argentina y Chile (Ley de Punto Final de 24 de diciembre de 1986 y Ley de Amnistía de 4 de noviembre de 1992, respectivamente).

Ciertamente, esta clase de leyes se promulga con el objetivo de lograr una transición pacífica de un régimen autoritario a uno democrático o de libertades, por lo que es una solución política al conflicto que persigue mantener la convivencia social y no alterar los ánimos, lo que pudiera ocurrir de castigarse a los responsables de crímenes cometidos durante esta clase de gobiernos. Es por ello que se ha sostenido que corresponderá a la Fiscalía de la Corte realizar las valoraciones pertinentes para deducir la *"tensión entre los intereses de la justicia y otros de naturaleza política que puedan estar en juego"*[47], a efectos de no perjudicar la paz que haya logrado conseguirse en un Estado determinado en virtud de tales leyes,

---

[47] LIROLA DELGADO y MARTÍN MARTÍNEZ, Isabel y Magdalena M. *La Corte Penal Internacional. Justicia versus Impunidad*, Op. cit, pág. 160.

aunque no se entiende muy bien cómo la impunidad de crímenes aberrantes puede contribuir a ello.

Sumado a lo dicho, ha de advertirse que, si bien es cierto que la promulgación de estas leyes de punto final evidencia la falta de disposición del Estado de investigar y enjuiciar a los responsables, este supuesto tiene que ser entendido como falta de capacidad pues, como se dijo antes, aunque sea cierto que el Estado no tenga intención alguna de actuar al respecto, tales leyes impiden o imposibilitan la acción de la justicia, pues precisamente el objetivo de las mismas es evitar "la apertura de viejas heridas" que se desprendería de la investigación y el enjuiciamiento de las personas acusadas de haber cometido crímenes internacionales.

Finalmente, en lo que corresponde a la determinación de incapacidad, puede concluirse con GRAMAJO que debe distinguirse *"entre una total ineficacia del Estado para llevar adelante la persecución penal y valoración realizada por la Corte acerca de la mayor o menor eficacia de los sistemas judiciales nacionales"*, por lo cual no es aceptable que se desconozca o declare incapaz una jurisdicción nacional *"sólo porque es menos eficiente que otro"*[48], de forma que la Corte tendrá que plantearse tal situación y determinar cuidadosamente si verdaderamente se trata de una jurisdicción

---

[48] GRAMAJO, Juan Manuel. *El Estatuto de la Corte Penal Internacional*. Op. cit., pág. 133.

incapaz, declaración, como se ha dicho ya, ciertamente incómoda tanto para la Corte como para los Estados, cuya jurisdicción se pondría en tal de juicio.

2. La existencia de cosa juzgada (la tercera causal de inadmisibilidad)

La tercera causal de inadmisibilidad de un asunto conforme al principio de complementariedad es la atinente a la existencia de cosa juzgada (artículo 17.1.c en concordancia con el artículo 20 del Estatuto), la cual está evidentemente vinculada con la actuación de la jurisdicción nacional, en este caso, cuando ésta ha dictado decisión sobre el asunto de que se trate, condenando o absolviendo a la persona acusada de haber cometido crímenes internacionales.

Ciertamente, ante la existencia de una decisión de la jurisdicción nacional con fuerza y autoridad de cosa juzgada, evidentemente que la Corte tendrá que declarar inadmisible el asunto, pues el objetivo perseguido, cual es asegurar que los crímenes internacionales "sean efectivamente sometidos a la acción de la justicia" (como proclama el cuarto párrafo del Preámbulo del Estatuto), ha sido realizado en el ámbito interno, de forma que no se justificaría complementación alguna por parte de este órgano jurisdiccional supranacional, advirtiéndose que como se ha dicho antes, lo normal y lo deseable es que las jurisdicciones domésticas realizaran su labor satisfactoriamente a efectos de no necesitar de la jurisdicción complementaria de la Corte; así, cuando en el propio Estado se ha posibilitado la investigación y el enjuiciamiento de los responsables, entonces ya no hay ningún vacío que llenar.

Pero, además de esto, y con igual o mayor importancia, la exigencia conforme a la cual la Corte debe declarar inadmisible el asunto en virtud de la existencia de cosa juzgada, resulta imperativa en tanto, de no ser así, se estaría incurriendo en un doble juzgamiento de la persona, que bien podría conllevar la imposición de un nuevo castigo por lo mismo, o la posibilidad de sentencias contradictorias de la jurisdicción interna y la internacional, algo ciertamente inadmisible; y representando ello, a su vez, una injerencia inaceptable en la soberanía de los Estados, que tendrían que soportar que aún habiendo sometido al responsable a la acción de la justicia, la Corte se volviese a pronunciar sobre el asunto.

Y es que, en efecto, la cosa juzgada comprende tanto un aspecto formal como uno material, que son los que dan sentido y plenitud a la misma[49]. De esta forma, la cosa juzgada formal implica el que no pueda ser propuesto recurso alguno en su contra, es decir, para su revisión por determinada instancia judicial, por lo que no puede ser impugnada en modo alguno (a lo que se denomina efecto

---

[49] Sobre la cosa juzgada formal y material, véase ROXIN, Claus. *Derecho procesal penal*. Op. cit., págs. 434 y siguientes; a quien se ha seguido en este trabajo.

conclusivo); así como también supone que la decisión pueda ser efectivamente ejecutada (por lo que se habla de un efecto ejecutivo). Entretanto, la cosa juzgada material conlleva el agotamiento de la posibilidad de persecución penal, es decir, que el asunto juzgado no pueda ser objeto de un nuevo proceso (refiriéndose a un efecto impeditivo).

El mencionado efecto impeditivo, entonces, se traduce en la reconocida garantía del *non bis in ídem* (textualmente, no dos veces por lo mismo), en virtud de la cual, como es sabido, no puede juzgarse a una persona dos veces por un mismo hecho en virtud del cual ya se le ha juzgado. Esta garantía procesal se constituye, además, como un Derecho Humano de amplio reconocimiento tanto en el ámbito internacional, en diversos tratados internacionales, como en el interno, en distintos textos constitucionales.

Así, la prohibición de doble juzgamiento se encuentra consagrada, por ejemplo, y como se ha dicho ya en este trabajo, en el artículo 14.7 del Pacto Internacional de Derechos Civiles y Políticos, así como en el artículo 8.4 de la Convención Americana sobre Derechos Humanos. A su vez, se halla igualmente prevista en el numeral 7 del artículo 49 de la Constitución venezolana[50], así como en el artículo 29 de la Constitución Política de Colombia; todo lo

---

[50] Un análisis del artículo constitucional puede encontrarse en RODRÍGUEZ MORALES, Alejandro J. *Constitución y Derecho penal.* Pág. 56.

cual muestra el reconocimiento internacional e interno de la misma, por lo que el Estatuto no podía desconocer esta fundamental garantía procesal, y la ha incluido como una de las causales de inadmisibilidad en el artículo 17, consagrándola también, autónomamente, en el artículo 20, conforme al cual nadie podrá ser procesado por la Corte si ya ha sido absuelto o condenado por ésta en razón de las mismas conductas constitutivas de crímenes de su competencia, así como tampoco podrá ser procesado por otro tribunal si la Corte ya lo hubiere absuelto o condenado por los mismos hechos.

La regulación que de la cosa juzgada hace el artículo 20, sin embargo, no estableció más que la prohibición del doble juzgamiento en lo que respecta a las propias decisiones de la Corte, no así en lo atinente a las decisiones que hubiere podido dictar la jurisdicción doméstica, por lo que respecto a éstas no rige estrictamente o cabalmente la garantía de única persecución, lo que se debe a la existencia de ciertas excepciones que, en este sentido, y de acuerdo con el texto de tal disposición, no aplicarían cuando sea la Corte quien condene o absuelva a la persona de que se trate, lo que tiene sentido, hasta cierto punto, por cuanto tales excepciones no podrían (o más bien, no deberían) suscitarse en esta jurisdicción, pues constituirían una absoluta contradicción con su propósito.

En este orden de ideas, entonces, es necesario señalar que las excepciones contenidas en el artículo 20 del Estatuto (específicamente en su párrafo 3), dan lugar a que el asunto, aún habiendo sido juzgado y decidido en la jurisdicción interna, existiendo en tal virtud la cosa juzgada, pueda de todos modos ser admitido por la Corte, por lo que es necesario indicar que tales excepciones son, en primer lugar, que el proceso que haya llevado a la cosa juzgada obedeciera al propósito de sustraer al acusado, y, en segundo lugar, que dicho proceso no hubiere sido realizado con observancia de las debidas garantías procesales, especialmente, de forma independiente e imparcial, o que de acuerdo a las circunstancias resultare incompatible con la intención de someter al responsable a la acción de la justicia.

Las excepciones a la cosa juzgada previstas en este artículo 20.3, ciertamente atienden en general a la falta de disposición de la jurisdicción nacional de responsabilizar efectivamente a quienes han incurrido en crímenes internacionales, por lo cual es necesario que la Corte actúe aún ante la existencia de una decisión firme e inimpugnable de los tribunales domésticos, puesto que simplemente existe la cosa juzgada para excluir de responsabilidad a los acusados.

En efecto, el Estado, con la finalidad de obstaculizar o impedir la actuación de la Corte, podría llevar a cabo procesos penales a manera de estratagema para aparentar que se está haciendo justicia, cuando en verdad los mismos están destinados a eximir de responsabilidad a las personas que han cometido los crímenes imputados, de forma tal de alegar la existencia de cosa juzgada y el fin del procedimiento, pretendiendo hacer ver a la sociedad que el sistema judicial ha cumplido satisfactoriamente su labor.

La determinación de estas excepciones a la cosa juzgada, que darían lugar a la admisibilidad del asunto, es ciertamente problemática, puesto que la fuerza de una sentencia definitiva no debiera ser, en principio, contrariada bajo ningún concepto, y en efecto, la disposición del artículo 20.3 del Estatuto raya en la ingerencia respecto a los sistemas nacionales de administración de justicia, puesto que es conocido que, en todo caso, podrían admitirse excepciones a la cosa juzgada únicamente favorables al acusado, y de allí la existencia en diversos sistemas procesales del denominado recurso de revisión, que puede destruir la autoridad de la cosa juzgada cuando se trata de ciertos supuestos que determinan que la sentencia condenatoria (que no la absolutoria) ha sido injusta, bien porque la persona no cometió el delito que se le imputa, o porque la ley despenaliza el hecho, entre otras circunstancias (así, por ejemplo, en el artículo 462 del Código Orgánico Procesal Penal venezolano).

Sin embargo, si se atiende a la finalidad por la cual ha sido creada la Corte Penal Internacional, podría justificarse, mas no abusarse de, la existencia de excepciones a la cosa juzgada aún en contra del acusado, cuando el proceso haya sido realizado únicamente con la idea de excluirlo de responsabilidad penal por los crímenes internacionales cometidos, pero ello tiene que ser una verdadera excepción que la Corte tendrá que examinar cuidadosamente para no incurrir en resoluciones que lesionen de manera inaceptable el mínimo espacio de soberanía que aún se reconoce a las jurisdicciones internas, y sin que ello pueda significar tampoco una traba de la justicia penal internacional.

Lo que se pretende es evitar la inadmisibilidad del asunto por la mera realización de *"los denominados "procesos-farsa", tendientes a mostrar una real intención de perseguir el delito pero que, en verdad, están dirigidos a asegurar la impunidad de los culpables"*[51], pues ello verdaderamente desdice la finalidad de hacer justicia frente a la comisión de crímenes internacionales que ha inspirado la creación de la Corte.

Sumado a ello, es oportuno señalar que la comprensión de la cosa juzgada como elemento insuficiente a efectos de impedir el conocimiento del asunto, también se encuentra presente en el artículo 10.2 del Estatuto del Tribunal Penal Internacional para la ex Yugoslavia, así como en el artículo 9.2 del Estatuto del Tribunal Penal Internacional para Ruanda[52], pues no siempre una decisión con

---

[51] GRAMAJO, Juan Manuel. *El Estatuto de la Corte Penal Internacional.* Op. cit., pág. 136.
[52] El texto de ambos Estatutos puede encontrarse en ORIHUELA CALATAYUD,

tal autoridad atiende a un proceso interesado en hacer justicia, sino en atajar las posibilidades de que los acusados respondan debidamente por la comisión de crímenes internacionales.

Finalmente, en lo que respecta a la cosa juzgada, no está demás señalar los requisitos de ésta, los cuales deben concurrir a efectos de declarar la inadmisibilidad del asunto con base en esta causal, por lo que si no se cumplen tales requisitos el Estado no podrá impedir la actuación de la Corte de acuerdo al principio de complementariedad. Esto es de importancia por cuanto, probablemente, al tratarse precisamente de criminalidad dirigida por el Estado, éste pretenderá excusarse y valerse de cualquier medio para mantener el asunto en su jurisdicción, corriéndose el riesgo de que se aduzca la existencia de cosa juzgada aunque ésta en verdad no se configure en el caso concreto.

De esta manera, según la doctrina mayoritaria, se entiende que la cosa juzgada debe cumplir con tres requisitos específicos, a saber: identidad de persona (*eadem persona*), identidad del hecho (*eadem res*) e identidad de motivo de la persecución (*eadem causa petendi*)[53]. Tales requisitos son necesarios puesto que la prohibición

Esperanza. *Derecho Internacional Humanitario. Tratados internacionales y otros textos.* McGraw-Hill. Madrid, España. 1998; así como también en los sitios web oficiales de ambos Tribunales.
[53] BINDER, Alberto M. *Introducción al Derecho procesal penal.* Pág. 169. Editorial Ad-Hoc. Buenos Aires, Argentina. 1999.

de doble juzgamiento pretende garantizar precisamente que no se someta a la persona a proceso alguno dos veces por lo mismo (por ello se habla de *non bis in ídem*), de forma que tiene que tratarse: ¡justamente de lo mismo!.

Puede ocurrir, y ello no sería algo para extrañarse, que en el Estado de que se trate estén realizándose diversas investigaciones y juzgamientos, y que todo ello haya conducido a decisiones de la jurisdicción nacional definitivamente firmes y con autoridad de cosa juzgada, pero éstas pueden estar circunscritas, y posiblemente ello sea así, a inferiores o "peces flacos" del aparato criminal, mientras que los superiores (los verdaderos "peces gordos") gozan de la mayor impunidad, pretendiendo, ante el eventual conocimiento del asunto por la Corte, que se declare la inadmisibilidad del mismo por la existencia de cosa juzgada, lo que sólo tendría validez respecto a esos inferiores jerárquicos, que incluso podrían ser "chivos expiatorios", mas no en lo que toca a los superiores y altos funcionarios, es decir, a los "grandes criminales", que intentarán escudarse en las fronteras de la jurisdicción, obstaculizando la activación de la complementariedad de la Corte.

Lo mismo vale decir respecto a la identidad del hecho y de la *causa petendi*, de forma que no podrá hacerse valer la cosa juzgada a efectos de la inadmisibilidad si no se cumplen todos y cada uno de sus particulares requisitos, ya que de lo contrario se estaría entorpeciendo la acción de la justicia penal internacional, lo que precisamente puede ser la intención de los Estados por ser sus agentes los responsables. Así, pues, no cualquier decisión firme e inimpugnable de la jurisdicción doméstica impedirá la admisibilidad del asunto, sino únicamente aquélla que haya recaído sobre la misma persona, respecto a los mismos hechos y por el mismo motivo.

Finalmente, debe ponerse de relieve que puede suscitarse el caso en que la jurisdicción doméstica condene a una persona por hechos constitutivos de los crímenes previstos en el Estatuto de Roma, aunque con una calificación jurídica distinta; ejemplificando, puede pensarse en la condena por concurso real de lesiones y homicidios, en vez de por genocidio en sus modalidades de matanza y lesiones, pudiendo incluso llegar a aplicarse la pena máxima permitida por el ordenamiento jurídico de que se trate, en el caso de Venezuela, la reclusión por 30 años. En un tal supuesto, por cuanto se ha logrado precisamente el castigo y para asegurar la preservación de la garantía de *non bis in ídem*, pareciera imperativa la imposibilidad de juzgar nuevamente a esa persona por ante la Corte Penal Internacional, ya que la prohibición de doble juzgamiento se refiere a los mismos hechos (*eadem res*), independientemente de la calificación jurídica que se les asigne, por lo que en este supuesto, por lo demás discutible y espinoso, la Corte deberá analizar cuidadosamente si decide o no desconocer la existencia de cosa juzgada.

3. La insuficiente gravedad del asunto (la cuarta causal de inadmisibilidad)

Por último, cerrando la enumeración de las causales que conllevan la imposibilidad de admitir el asunto para su conocimiento por la Corte, aparece la insuficiente gravedad del asunto que no justificaría la actuación de su jurisdicción complementaria, de conformidad con lo previsto en el artículo 17.1.d del Estatuto.

Esta causal de inadmisibilidad ciertamente aparece, por una parte, como reflejo de la idea de Derecho penal mínimo que, como se ha dicho con anterioridad en este trabajo, es absolutamente compatible con el Estatuto de la Corte así como con el principio de complementariedad que rige a ésta. Por otra parte, es resultado de la pretensión de crear una Corte que se encargue de juzgar únicamente "los crímenes más graves de trascendencia internacional", como lo advierte el artículo 1 del Estatuto.

Efectivamente, si se acoge la tendencia del Derecho penal mínimo, habrá que concluir que el mismo (y con ello se alude no sólo al Derecho penal doméstico sino también al internacional), debe quedar reducido a lo estrictamente necesario y no puede pretenderse su expansión discriminada, sino que solamente debe intervenir ante los conflictos sociales más graves, por lo que no puede blandirse como la solución de todos los problemas, más aún cuando se trata del Derecho penal internacional, al que las soberanías estatales tanto se resisten aún.

Sumado a ello, la Corte ha sido creada sólo para ocuparse de asuntos especialmente graves, lo que se deduce de los propios crímenes que conforman su ámbito de competencia material de acuerdo con el artículo 5 del Estatuto (genocidio, crímenes de lesa humanidad, crímenes de guerra y agresión), los cuales representan en sí mismos los crímenes más atroces y que afectan en mayor grado a toda la humanidad, por los propios elementos que los integran, de donde se desprende el interés y la necesidad de evitar su comisión impune; de manera que no todo crimen podrá ser conocido por el nuevo órgano jurisdiccional penal internacional.

No obstante, es importante advertir que con ello no quiere decirse que sólo los crímenes previstos en el Estatuto sean particularmente graves, ya que, en verdad, algunos crímenes de considerable gravedad (tales como el tráfico de órganos humanos y el tráfico de estupefacientes[54]), han quedado excluidos del ámbito de la competencia *ratione materiae* de la Corte, lo que hace que ésta tenga un marco bien específico y restringido de actuación, quedando

---

[54] BAIGÚN, David. *El Estatuto de Roma y la responsabilidad penal de las personas jurídicas*. En: ARROYO ZAPATERO y BERDUGO GÓMEZ DE LA TORRE, Luis A. e Ignacio. *Homenaje al Dr. Marino Barbero Santos. In Memoriam*. Volumen I. Op. cit., pág. 88.

de relieve con esto que afrontará únicamente situaciones graves, y no cualquier situación de conflicto o de comisión de crímenes si los mismos no pueden subsumirse en las previsiones del Estatuto, resultando bastante improbable que conductas que tengan una total adecuación a los tipos penales de este instrumento carezcan de suficiente gravedad, pues se trata de situaciones graves *per se*, como se verá de seguidas, por lo que es difícil imaginar que la insuficiente gravedad se vincule a uno de los crímenes tipificados en el Estatuto, salvo que se trate de uno de ellos y en verdad llegue a ser determinada su insignificancia.

En este mismo orden de ideas, cabe reiterar que los propios tipos penales incluidos en el Estatuto y completados por el Texto de los Elementos de los Crímenes, indican el nivel de gravedad de los asuntos que se permite sean conocidos por la Corte atravesando el filtro de la complementariedad, ya que los crímenes internacionales en ellos descritos exigen tal gravedad, pues, por ejemplo, si se trata de crímenes de guerra es obvio que los mismos se han cometido en el curso de un conflicto bélico (como expresamente señala el penúltimo elemento de cada modalidad de los crímenes de guerra en los Elementos de los Crímenes), y exigiéndose además que se cometan como parte un plan o política o como parte de la comisión a gran escala de tales crímenes (artículo 8 del Estatuto), algo evidentemente grave; lo mismo puede decirse en cuanto a los crímenes de lesa humanidad, que exigen un ataque múltiple y generalizado o sistemático contra una población civil (artículo 7 del Estatuto y párrafo 3 de la Introducción al artículo 7 de los Elementos de los Crímenes).

Así, pues, hay que observar que la Corte no podrá ser cargada de asuntos que podrían en cualquier caso perjudicar su normal funcionamiento, lo que permite predecir sin el mayor esfuerzo que la Sala de Cuestiones Preliminares será la que tenga mayor número de asuntos por resolver, en tanto será la que generalmente decidirá la admisibilidad de los situaciones que pretendan ser sometidas al conocimiento de esta nueva jurisdicción.

Esta causal de inadmisibilidad es necesaria, entonces, a efectos de no atiborrar a la Corte con asuntos que no ameritan activar su jurisdicción complementaria, lo cual está evidentemente relacionado con lo que en los diversos sistemas procesales se conoce como principio de oportunidad, el cual permite que se prescinda de la acción penal por tratarse de una situación de poca significancia, es decir, cuando lo que pretenda perseguirse sea uno de los denominados "delitos de bagatela", cuya gravedad es mínima o nimia. De esta forma, y por colocar un ejemplo, dicho principio de oportunidad se encuentra consagrado en el proceso penal venezolano según dispone el artículo 38 del Código Orgánico Procesal Penal, en el que expresamente se indica que se podrá prescindir, total o parcialmente, del ejercicio de la acción penal, entre otras razones, cuando el hecho "no afecte gravemente el interés público".

Como es sabido el principio de oportunidad, que ciertamente está implícito en este artículo 17.1.d del Estatuto, es la contrapartida del principio de legalidad de la persecución penal, que más correctamente debiera denominarse de obligatoriedad, pues lo que significa es precisamente la exigencia de que toda conducta delictiva sea obligatoriamente perseguida. Es obvio que, tanto en la jurisdicción doméstica como en la internacional, no todas las conductas constitutivas de crímenes pueden ser perseguidas, adminiculándose a ello la existencia de conductas delictivas que por su insignificancia harían gravosa su persecución y la activación del aparato judicial que ello representa, por lo cual es necesario disponer de tal principio de oportunidad a efectos de aliviar al sistema penal a ese respecto, si bien es pertinente reconocer que esto podría ser logrado por otras vías mucho más adecuadas (como la reforma del Derecho penal material).

Y es que la oportunidad como criterio para prescindir de la acción penal ha sido objeto de críticas[55], entre otras cosas, por

---

[55] Una fuerte crítica al principio de oportunidad es la formulada por MONTERO AROCA, Juan. *Principios del proceso penal. Una explicación basada en la razón.* Págs. 77 y siguientes. Valencia, España. 1997. También crítica, aunque adoptando una posición menos radical y más acertada, la cual se comparte en este trabajo, DI TOTTO, Beatriz. *El principio de oportunidad como causa de extinción de la acción penal y como atenuante.* En: *Quintas Jornadas de Derecho Procesal Penal.*

cuanto se afirma, no sin razón, que la misma confiere mayor poder al Ministerio Público, disminuyendo la posibilidad de que el delito, que ha sido previamente descrito por el legislador penal, sea conocido por el juzgador, por lo que queda en manos del organismo fiscal la decisión acerca de cuáles conductas perseguir aún cuando las mismas estén perfectamente tipificadas y constituyan delito, poniéndose en riesgo muchas veces la acción de la justicia al tiempo que se menoscaba el derecho a la tutela judicial efectiva que corresponde a las víctimas.

Sin entrar a polemizar acerca de las críticas al principio de oportunidad, la mayoría justificadas, aunque no por ello insalvables, debe destacarse que, en el caso del procedimiento ante la Corte Penal Internacional, la insuficiente gravedad como causal de inadmisibilidad del asunto no depende de la Fiscalía, pues como ya ha sido indicado antes, es la Sala de Cuestiones Preliminares o, en su caso, la Sala de Primera Instancia, la que decidirá si la misma es o no procedente. Sumado a ello, hay que advertir, en primer término, que la decisión sobre la admisibilidad puede ser apelada por el Estado de que se trate o por el Fiscal ante la Sala de Apelaciones conforme al artículo18.4 del Estatuto. En segundo término, las víctimas tienen el derecho a participar en las actuaciones relativas a la admisibilidad presentando las observaciones que consideren pertinentes según lo

La Segunda Reforma al COPP. Págs. 87 y siguientes. Universidad Católica Andrés Bello. Caracas, Venezuela. 2002.

dispone el artículo 19.3 del Estatuto, subrayándose además que las mismas deberán ser informadas al respecto por el Secretario de la Corte, tal y como lo indica la regla 59.1 de las Reglas de Procedimiento y Prueba. De esta forma, se evita en buena medida que la inadmisibilidad del asunto por considerarse que no tiene la gravedad suficiente sea declarada arbitrariamente por la Corte.

Como se ha dicho ya en el presente trabajo el principio de complementariedad se configura como un presupuesto procesal del procedimiento ante la Corte, por lo que es una cuestión preliminar que debe dilucidarse en un principio a efectos de poder llevar a cabo el juzgamiento de la persona acusada. Se pretende evitar conocer el fondo del asunto, por cuanto se considera que ello no es necesario si se verifica alguna causal de inadmisibilidad. En el caso de la causal bajo análisis ello es patente, puesto que en verdad la insignificancia es una causa de atipicidad, vale decir, las conductas insignificantes no pueden considerarse típicas al no coincidir plenamente con lo previsto en la norma (en cuanto a la exigencia típica de lesión al bien jurídico protegido), lo que resulta más evidente en cuanto a los tipos penales del Estatuto, como ya ha sido advertido, por lo que la finalidad de incluir esta insuficiente gravedad como causa de inadmisibilidad es limitar la intervención de la Corte frente a esos hechos de bagatela.

Hay que apuntar, además, que lo que la Corte puede considerar sin la suficiente gravedad podría constituir un hecho grave para la jurisdicción doméstica, por lo que ésta puede perfectamente asumir el conocimiento del asunto, ya que resulta obvio que la decisión acerca de la insignificancia del hecho que haga la Corte no es vinculante para los tribunales nacionales (por ejemplo, un homicidio simple es un hecho internamente grave que debe perseguirse, sin embargo para la jurisdicción penal internacional es un hecho nimio del que no puede ocuparse, precisamente porque debe atender casos más graves en los que se haya afectado seriamente a la humanidad).

De esta forma, es imperativo recalcar que las jurisdicciones nacionales, además de *"proveer a la persecución de los crímenes que la Corte no asume en su Estatuto"*[56], también tendrán que ocuparse de aquellos asuntos que, en la decisión sobre su admisibilidad conforme al principio de complementariedad, hubieren sido declarados sin la suficiente gravedad, reiterando que son las jurisdicciones nacionales quienes tienen el mayor campo de acción, especialmente ante el reconocimiento extendido del principio de persecución universal.

---

[56] REMIRO BROTÓNS, Antonio. *Los crímenes de Derecho internacional y su persecución judicial.* En: BACIGALUPO ZAPATER, Enrique (Director). *El derecho penal internacional.* Op. cit., pág. 137.

Debe concluirse, pues, que la última causal de inadmisibilidad debe ser examinada cuidadosamente por la Corte, a efectos de no perjudicar la realización de la justicia respecto a crímenes internacionales, especialmente debe evitarse recurrir a la insignificancia del asunto para negar a las víctimas la posibilidad de su conocimiento a fondo por la Corte, ya que podría convertirse en una vía o medio para menospreciar casos que quizá si se estudian con mayor detenimiento pueden entrañar verdadera gravedad y afectar así la conciencia universal. Sin embargo, también tiene que concluirse que resultaba necesaria su inclusión por cuanto no todos los asuntos que lleguen a la Corte (que prediciblemente serán muchos) tendrán una gravedad tal que amerite que ésta ponga a funcionar todos sus mecanismos jurisdiccionales para hacerle frente, por lo que se presentaba necesario instituir una regulación para evitar colmar a la Corte con casos que pudieran ser de poca relevancia a efectos de acudir a la jurisdicción penal internacional.

No hay que perder de vista, eso sí, que la decisión acerca de la insuficiente gravedad de ciertos hechos no quiere decir que los mismos vayan a quedar impunes, es decir, sin sanción alguna, sino que, en virtud del principio de complementariedad aquí analizado, tal sanción corresponderá, en su caso, a las jurisdicciones nacionales[57].

---

[57] Así lo afirman LIROLA DELGADO y MARTÍN MARTÍNEZ, Isabel y Magdalena M. *La Corte Penal Internacional. Justicia versus Impunidad.* Op. cit., pág. 160.

V. Conclusión. Valoración de la complementariedad

Para finalizar el presente estudio dedicado a la complementariedad de la Corte Penal Internacional y su específica y compleja regulación en el Estatuto de Roma, lo que exige su análisis detallado, el cual ha procurado llevarse a cabo, resulta conveniente la oportunidad para valorar este principio, que se ha caracterizado aquí como un presupuesto procesal del procedimiento ante el nuevo tribunal supranacional; ello, a los efectos de afinar su significado y alcance para la justicia penal internacional, ahora formalmente institucionalizada.

Ciertamente, la cuestión de la complementariedad de la Corte es problemática ya que, como se ha visto, la misma puede activarse, y "llenar" el vacío dejado por las jurisdicciones domésticas, en diversos supuestos, muy a pesar de la actuación de éstas o la existencia de una decisión que goce de la autoridad de la cosa juzgada, si se declara la admisibilidad del asunto de acuerdo con las pautas del artículo 17 del Estatuto.

De modo que la inclusión, novedosa en materia de justicia penal internacional, de este principio de complementariedad, tiene que observarse como un intento de los redactores del Estatuto, y como tal imperfecto (pues los humanos estamos sujetos a nuestra propia imperfección), dirigido a satisfacer las exigencias de diversos

Estados en lo que respecta al mantenimiento de un espacio de soberanía en la persecución y el castigo de los crímenes internacionales y, en tal virtud, la primacía de sus jurisdicciones internas. No obstante, aquí se considera que el intento ha sido bastante satisfactorio y que son más los aciertos que los desaciertos en su concepción y su definitiva inclusión en el Estatuto de Roma.

Evidentemente que toda regulación como la que se ha hecho de esta interacción entre la jurisdicción interna y la internacional trae sus complicaciones, más aún cuando se trata de una experiencia inédita como la que representa el principio de complementariedad, pero dicha regulación es sin lugar a dudas necesaria, ya que se quería, y se logró, romper con la práctica de la justicia penal internacional *ad hoc* (Tribunales Militares de Nüremberg y Tokio, Tribunales para la ex-Yugoslavia y Ruanda, Sierra Leona, y recientemente, el denominado Tribunal Especial Iraquí para Crímenes contra la Humanidad), en la que las jurisdicciones internas son desplazadas por la jurisdicción internacional, gozando ésta de preferencia en la concurrencia de jurisdicciones. Con ello, se avanza hacia una justicia penal internacional que no suplanta a las jurisdicciones domésticas sino que las complementa, contribuye con ellas a poner fin a la impunidad de los crímenes internacionales; y es que si los tribunales nacionales cumplen satisfactoriamente dicha labor, ¿para qué acudir a una jurisdicción penal internacional?, lo que se perseguía se ha logrado y eso es lo importante.

Debe quedar claro que la jurisdicción complementaria surge o juega su papel en la persecución y el castigo de los crímenes internacionales precisamente cuando, o sencillamente los tribunales nacionales no han hecho nada al respecto, o no lo han hecho satisfactoriamente, por lo cual no puede atenderse a un mero criterio formal para determinar si la tarea de la justicia internacional ha sido llevada a cabo por las jurisdicciones internas.

Por supuesto, esa intervención de la jurisdicción complementaria de la Corte no puede ser arbitraria ni pretender excluir absolutamente a la jurisdicción nacional, y es por ello que el examen de la admisibilidad del asunto, y en esto se puede ser reiterativo, debe hacerse con la mayor prudencia para no caer en pronunciamientos que hagan dudar de la validez de la Corte y conlleven la pérdida de confianza en ella, pues se trata de verdaderas calificaciones de las jurisdicciones internas (no tiene la disposición, es incapaz, dictó una sentencia insatisfactoria). Ahora bien, el hecho de que el examen de la admisibilidad tenga tales características no implica que sea imposible de realizar o que no deba admitirse bajo ningún supuesto, por lo que es imperativo, siendo un presupuesto procesal del procedimiento, a los fines de determinar si el asunto debe o no ser conocido por la Corte o si por el contrario ha de dejarse en manos de los órganos jurisdiccionales del Estado de que se trate.

Por otra parte, valga la ocasión para expresar el desacuerdo con la opinión, sustentada por algunos autores[58], según la cual la complementariedad de la Corte acarrea el surgimiento de una situación de *forum shopping*, toda vez que, si bien el Estatuto establece que la Corte es complementaria de las jurisdicciones nacionales, no estableció a cuáles de estas jurisdicciones debería complementar, dicho de otra manera, no se previó cuál jurisdicción es la que tiene preferencia o la que debiera normalmente asumir el conocimiento del asunto; ello, por cuanto, se afirma, que cada vez más jurisdicciones se consideran competentes para investigar y juzgar a los responsables de crímenes internacionales, particularmente en virtud del principio de persecución universal, lo que permitiría que la persona se autoinculpase en el Estado cuya legislación le fuere más conveniente (en cuanto a la ejecución de las penas, beneficios, situación de las cárceles, entre otros aspectos).

A esto debe responderse que tal situación de *forum shopping* no surge en virtud de la creación de la Corte Penal Internacional, sino que es inherente a la persecución universal de los crímenes

---

[58] ANELLO, Carolina Susana. *Corte Penal Internacional*. Pág. 102. Editorial Universidad. Buenos Aires, Argentina. 2003; RODRÍGUEZ CARRIÓN, Alejandro J. *Aspectos procesales más relevantes presentes en los Estatutos de los Tribunales Penales Internacionales: condiciones para el ejercicio de la jurisdicción, relación con las jurisdicciones nacionales*. En: ESCOBAR HERNÁNDEZ, Concepción (Ed.). *Creación de una jurisdicción penal internacional*. Op. cit., pág. 174.

internacionales, ya que cualquier Estado debe ocuparse de los mismos, como quiera que afectan a toda la humanidad; de forma tal que, aunque no existiese la Corte, los responsables podrían "comprar" la jurisdicción que les resultara más beneficiosa, por lo que la mencionada situación es independiente de la adopción del Estatuto de Roma.

En este orden de ideas, resulta necesario dejar claro que, según la opinión aquí sostenida, la Corte es complementaria de las jurisdicciones nacionales, y ello incluye, también, a las que actúan de acuerdo al principio de persecución universal, pues si éste permite que cualquier Estado persiga y castigue a los responsables, no hay razón suficiente para exigir que intervenga la jurisdicción complementaria de la Corte, salvo que ello fuere necesario (por no cumplir los tribunales domésticos con los estándares internacionales para someter a los responsables a la acción de la justicia).

Claro está que con esta aceptación de la actuación por parte de jurisdicciones de cualquier Estado que fundamentan su jurisdicción sobre el asunto en base al principio de persecución universal, se restringen aún más las posibilidades de intervención de la Corte; sin embargo, y precisamente por el régimen de complementariedad previsto en el Estatuto, no siempre la actuación de una jurisdicción interna, especialmente cuando actúa en virtud del principio de persecución universal, podrá considerarse como válida a los efectos de no admitir el conocimiento del asunto por la Corte, pues, por ejemplo, podría ocurrir que no pueda hacer comparecer al responsable por habérselo negado el Estado donde éste se encuentra en razón de no existir tratado de extradición entre requirente y requerido, lo que permitiría a la Corte admitir el asunto por falta de capacidad de la jurisdicción nacional, al verse ésta imposibilitada de obtener la comparecencia del acusado, por lo que no puede realmente hacerse cargo de la causa.

De esta forma, pareciera que la complementariedad de la Corte implicase una considerable restricción de su jurisdicción sobre los crímenes internacionales de su competencia, al dejar la tarea en la mayor medida a las jurisdicciones domésticas, incluso sin relación alguna con los crímenes cometidos, a fuerza del principio, que cada vez cobra mayor fuerza, de la persecución universal, por lo que ha llegado a decirse que esto haría prácticamente inoperativa a la Corte[59].

No obstante esto, si se observa de nuevo la cuestión podría llegar a concluirse precisamente todo lo contrario, que la supuesta complementariedad de la Corte no es tal, y que es más la primacía que ésta tendrá sobre las jurisdicciones domésticas, que la que éstas

---

[59] Lo afirma así, en su crítica al principio de complementariedad, RODRÍGUEZ CARRIÓN, Alejandro J. *Aspectos procesales más relevantes presentes en los Estatutos de los Tribunales Penales Internacionales: condiciones para el ejercicio de la jurisdicción, relación con las jurisdicciones nacionales.* En: ESCOBAR HERNÁNDEZ, Concepción (Ed.). *Creación de una jurisdicción penal internacional.* Op. cit., pág. 174.

tendrán en la práctica respecto a la Corte, en virtud de los diversos supuestos, incluso de carácter enunciativo en algún caso (así, en cuanto a la declaratoria de incapacidad), de los que ésta puede valerse para admitir un asunto determinado. Es por dicha razón que, en el lado opuesto a la crítica de RODRÍGUEZ CARRIÓN citada líneas arriba, se ha afirmado que las condiciones de admisibilidad definidas y valoradas en el Estatuto *"son una diáfana verificación de la relativa fuerza que registra la prioridad asignada al Estado interviniente; más bien pareciera fortalecerse el principio de autonomía frente al de complementariedad"*[60]; así, entonces, la crítica estaría dirigida más bien, según esta opinión, al amplio radio de acción que se estaría otorgando a la Corte, lo que desmentiría su carácter complementario de las jurisdicciones internas.

En el presente trabajo se entiende que en la interacción de las jurisdicciones internas con la nueva jurisdicción internacional, con fundamento en el carácter complementario de esta última, debe buscarse el equilibrio, que se considera puede lograrse con la regulación que el Estatuto ha hecho del presupuesto procesal de complementariedad y las decisiones de los Magistrados de la Corte. De este modo, no parece conveniente afirmar un ámbito de acción desmedido o un carácter preferente de la Corte ante las

---

[60] BAIGÚN, David. *El Estatuto de Roma y la responsabilidad penal de las personas jurídicas.* En: ARROYO ZAPATERO y BERDUGO GÓMEZ DE LA TORRE, Luis A. e Ignacio. *Homenaje al Dr. Marino Barbero Santos. In Memoriam.* Volumen I. Op. cit., pág. 90.

jurisdicciones domésticas, sino el que es necesario a los fines de la justicia penal internacional, cuando ésta es frustrada en el ámbito nacional. Debe confiarse, pues, en la nueva institución y en la prudencia de las decisiones sobre la admisibilidad de los asuntos que sean sometidos a su conocimiento, ya que sólo de esta forma será posible avanzar en la búsqueda de un mundo, no sin crímenes internacionales (porque probablemente estos continúen siendo cometidos por los seres humanos, que así como pueden ejercer su libertad para las causas más nobles, pueden hacerlo también para cometer las más terribles atrocidades), sino en el cual quienes cometan tales actos respondan ante la justicia y se evite la tan despreciable y despreciada impunidad.

Por último, debe decirse que la nueva Corte quizá no haya tenido un ámbito de intervención tan amplio como el que se esperaba – no es extraño que las personas no ligadas a lo jurídico crean que cualquier delito con apariencia de crimen internacional puede ser llevado a La Haya, ni hablar si se les advierte de la irretroactividad consagrada claramente en el Estatuto – sin embargo es un verdadero logro y un paso extraordinario de la humanidad que debe aplaudirse de la manera más objetiva; no constituirá una solución definitiva, que por cierto en materia penal no existe, mas sí representa un notable avance en el respeto de la dignidad humana, en consecuencia, en la exigencia de perseguir los crímenes internacionales que perturban de la peor forma esa dignidad y sobre los cuales, precisamente por ello, existe consenso acerca de su carácter absolutamente negador de la propia naturaleza de la persona humana.

Crímenes de guerra, conflictos armados y constelaciones familiares

(La configuración del tejido social antes, durante y después de una guerra)

I. Las guerras antes, ahora y en el futuro

Es posible decir que los medios y los métodos de hacer la guerra, o la "conducción de las hostilidades" como también suele denominarse, han cambiado considerablemente a lo largo de la historia de la humanidad, algo que no es difícil constatar dado el desarrollo y aparición de nuevas armas y equipos bélicos así como la existencia de nuevos tipos de operaciones y estrategias militares para mermar las fuerzas del enemigo (las cuales, en cualquier caso, tienen que pasar por el cedazo de los principios y normas fundamentales del Derecho internacional humanitario a los fines de establecer si pueden o no utilizarse).

Tales mutaciones en lo que se refiere a los medios y métodos de conducir las hostilidades, claramente, han supuesto también que las consecuencias de los conflictos armados hayan variado en el tiempo, de modo que los efectos que tenía una guerra, por ejemplo, en el siglo XIII, no son siquiera parecidos a los que puede producir una guerra en el presente siglo (debiendo reconocerse que son mucho más nefastos y cuantiosos).

Lamentablemente, resulta poco probable que las estrategias de guerra y las armas y equipamiento bélico existentes hoy en día se queden estancados en el estado actual en el que se encuentran; dicho de otra manera, es bastante fácil predecir que en el futuro se crearán nuevas armas (¿más letales quizá que las que se conocen en este momento?) y se idearán nuevas maneras de agredir y atacar al enemigo. Esto, se reitera, es bastante fácil de prever.

Lo que quizá no pueda decirse tan fácilmente, entretanto, es que las causas que ocasionan los conflictos armados hayan cambiado, siendo que, por el contrario, las mismas han permanecido en el tiempo casi de forma inalterable. Y, desde este mismo momento, cabe observar también que cuando aquí se habla de las causas de los conflictos armados se debe entender que se hace alusión no solamente al antes, sino también al durante y al después, ya que, como se verá en este mismo trabajo, en no pocas ocasiones el final de una guerra no es más que la causa de otra (la cual puede estallar en un tiempo más o menos distante según los casos).

Al mismo tiempo, luce como algo ineludible destacar en esta breve introducción al tema que los conflictos armados tienen un carácter multifactorial en tanto los mismos revelan un conjunto de causas que dan lugar al enfrentamiento bélico pero también a su sostenimiento y posible reaparición o transformación bajo el ropaje de un nuevo conflicto sólo en apariencia desligado del anterior.

Siendo ello así, se presenta como de capital relevancia profundizar más sobre esas causas detonantes de los conflictos armados que, como se dijo recién, no han variado significativamente, lo que hace que se trate de un tema de permanente vigencia y que, por lo demás, puede y debe ser analizado desde múltiples perspectivas, toda vez que en las guerras, precisamente, tienen incidencia múltiples factores.

El objeto de la presente contribución es, en ese orden de ideas, utilizar los conocimientos que se desprenden del auge y desarrollo de una modalidad de terapia sistémica denominada "constelaciones familiares" (*Familienstellen* o *Familienaufstellungen*, en alemán) para intentar comprender de la mejor manera posible el antes, durante y después de los conflictos armados y, sobre todo, para procurar vislumbrar cuál podría ser una herramienta que permitiera la reconfiguración del tejido social roto que deja constatar la experiencia de la guerra. El enfoque, por lo tanto, será no exclusivamente de carácter jurídico sino más bien eminentemente psicológico y sociológico, si bien ello no debe tomarse como una limitante para estas modestas reflexiones al partirse de la premisa, ya aludida, del carácter multifactorial de todo conflicto armado.

Por otra parte, resulta imperativo indicar en estos primeros párrafos que no se pretende agotar el tema, de por sí complejo, sino apenas empezar a verlo, llevando a cabo un paneo de las ideas al respecto que pueden desarrollarse vinculando los conceptos tomados de las mencionadas "constelaciones familiares" en un ámbito como el de los conflictos armados.

Adicionalmente, no se trata de una línea de investigación completamente inédita, pues ya antes justamente quien es considerado como el creador de las constelaciones familiares, el psicoterapeuta alemán Bert Hellinger, ha estudiado la cuestión de los conflictos a la luz de aquellas[61]; de modo que aquí se harán tan solo unas cuantas reflexiones, que quedarán necesariamente abiertas, sobre la temática, sin ánimos de exhaustividad ni de originalidad. Se espera, en cambio, que puedan ser de alguna utilidad, esto es, que puedan sumar algo a los esfuerzos de tantas personas en el mundo para aliviar el sufrimiento de las muchas víctimas de los conflictos armados.

Quizá sea conveniente decir también, antes de entrar propiamente en el análisis del tema de este trabajo, que la bizantina discusión entre la admisión de aspectos extrajurídicos dentro del razonamiento jurídico debería haber quedado ya superada en tanto se muestra como bastante evidente (aunque no siempre se asuma de tal

---

[61] HELLINGER, Bert. *Después del conflicto, la paz*. Editorial Alma Lepik. Buenos Aires, Argentina. 2008; libro que ha servido de inspiración y orientación fundamental para la elaboración de este ensayo. Sobre el tema, en general, de las constelaciones familiares, véase a HELLINGER, Bert. *El amor del espíritu. Un estado del ser*. Rigden Institut Gestalt. Barcelona, España. 2012; y a SCHNEIDER, Jakob Robert. *Constelar familias*. Editorial Herder. Ciudad de México, México. 2009.

forma) que no es posible sostener un sistema de Derecho que se encuentre a espaldas de la realidad que pretende regular mediante sus normas que, de por sí, se alimentan y han alimentado históricamente, de dicha realidad conformada por aspectos de diversa naturaleza y no únicamente jurídica.

Incluso, es oportuno señalar que en el ámbito concreto de los conflictos armados, cuando se habla del Derecho internacional humanitario (DIH) o Derecho Internacional de los Conflictos Armados (DICA) es inevitable recordar que su origen se encuentra en aspectos más bien vinculados a las costumbres, a códigos de honor y a elementos morales y religiosos. Todavía más, en la actualidad, como es bien sabido, el llamado Derecho internacional humanitario consuetudinario es una herramienta fundamental para la comprensión y aplicación de las pautas que protegen a las personas y los bienes en el marco de un conflicto armado y que limitan o restringen los medios y métodos de combate en ese mismo marco. Esto permite mostrar, también, la relevancia de la costumbre como elemento predominantemente vinculado al comportamiento de las sociedades y por lo tanto a sus específicos códigos y formas de pensamiento (lo cual, entonces, enlaza con el tema principal de estas consideraciones).

De otra parte, estimo útil referir que las guerras, como se indicaba al inicio de este trabajo, han mutado en el tiempo. De tales mutaciones vale la pena observar dos: En primer lugar, que en las guerras antiguas el campo de batalla era mayormente un lugar apartado de las poblaciones y que se utilizaba para el fin específico del enfrentamiento entre los ejércitos o fuerzas en conflicto (un ejemplo, ampliamente conocido, hay que decirlo, gracias a la película "300", la Batalla de las Termópilas, que era un lugar sin población alguna). Actualmente, y sobre todo después de la Segunda Guerra Mundial, en cambio, las guerras tienen como escenario principal lugares poblados, incluso ciudades y capitales. Este cambio, por supuesto, implica que, a diferencia de las guerras del pasado, que provocaban una mayoría de bajas en los propios ejércitos, ahora las guerras produzcan la mayor parte de las bajas en la población civil.

En segundo lugar, otra mutación importante es que antiguamente el grueso de los conflictos armados era de naturaleza internacional (básicamente hasta las dos últimas guerras mundiales), mientras que en la actualidad puede constatarse la existencia de un mayor número de conflictos armados de carácter no internacional, que se producen por lo tanto dentro de los límites territoriales de un Estado y en el que se encuentran enfrentadas en consecuencia personas que comparten una misma nacionalidad (pero no necesariamente unas mismas ideas ni unas mismas conciencias, como se detallará más adelante).

Estos cambios, como apenas hace falta decirlo, entrañan que entre otras cosas la temática de los crímenes de guerras y los conflictos armados, así como las causas que les dan lugar, sea de una permanente vigencia, dado que la posibilidad de perpetración de dichos crímenes y la existencia de esa clase de conflictos es también permanente.

II. Derecho en la guerra, y ¿derecho a la guerra?

Hablar de crímenes de guerra y conflictos armados permite hacer referencia a la vieja distinción entre el denominado *ius in bello* (o derecho en la guerra) y el pretendido *ius ad bellum* (o derecho a la guerra), la cual es importante a efectos de este análisis dado que interesa indagar hasta qué punto es válido, e incluso conveniente, hablar todavía de un tal "derecho" a la guerra. Esto, además, se encuentra estrechamente relacionado con otro crimen internacional, tipificado plenamente en el Estatuto de la Corte Penal Internacional desde el año 2010, como lo es el denominado crimen de agresión.

Así las cosas, es tradicional definir el *ius in bello* como el conjunto de normas aplicables en el contexto de una guerra, a saber, lo que se conoce como Derecho internacional humanitario o DIH. Esas normas revisten una inmensa relevancia, más de la que a veces se le atribuye, dado que ponen en evidencia lo incorrecto de un refrán popular según el cual "en la guerra y en el amor todo se vale", de forma que no es cierto que en la guerra todo sea válido sino que por el contrario hay una serie de restricciones ineludibles, lo que permite decir, como lo hacía un eslogan del Comité Internacional de la Cruz Roja, que "incluso la guerra tiene límites".

Al respecto de ese derecho en la guerra puede afirmarse que su existencia no se pone en duda (tanto así que 196 países son Estados parte de los llamados Cuatro Convenios de Ginebra de 12 de agosto de 1949 y sus Protocolos Adicionales) y que la misma es necesaria precisamente para ponerle un cierto marco de mínimos a una situación que de por sí tiende al caos y la arbitrariedad, a saber, la guerra. Es por ese motivo que actualmente existe una gran cantidad de normas que conforman el mencionado Derecho internacional humanitario, entre las que destacan las contenidas en los ya mencionados Convenios de Ginebra, principales instrumentos internacionales sobre la materia.

Ahora bien, como de forma lúcida nos recuerda SALMÓN, *"el Derecho internacional humanitario (DIH) o ius in bello no permite ni prohíbe los conflictos armados – tanto internacionales como internos –, sino que, frente a su desencadenamiento, se aboca al fin de humanizarlos y limitar sus efectos a lo estrictamente necesario"*[62]; a la luz de tales palabras, entonces, queda claro que el *ius in bello* actúa, irremediablemente, cuando ya existe el conflicto

---

[62] SALMÓN, Elizabeth. *Introducción al Derecho internacional humanitario.* Pág. 27. Pontificia Universidad Católica del Perú y Comité Internacional de la Cruz Roja. Lima, Perú. 2012.

armado, por lo que nada dice respecto a la legalidad de su ocurrencia, sino a lo que sucede en su contexto específico.

De algún modo, podría decirse que el DIH o ius in bello se "resigna" a la existencia de los conflictos armados y persigue, entretanto, poner una serie de restricciones a lo que pueda suceder en ellos, para lo cual protege a personas y bienes (a través de las normas conocidas como "Derecho de Ginebra") así como limita los medios y métodos de hacer la guerra (a lo que suele denominarse "Derecho de la Haya").

Por otra parte, en cambio, se ha hablado desde hace mucho de un *"ius ad bellum"* o derecho a la guerra, el que estaría referido concretamente a regular la legalidad de un conflicto armado, o en otros términos, el derecho que tendría un Estado de atacar bélicamente a otro y darle inicio, por ende, a una guerra. Se trataría, en tal virtud, de la posibilidad de recurrir al uso de la fuerza a los fines de resolver una determinada controversia, cuya solución no sería ya pacífica.

Al respecto de ese denominado "derecho a hacer la guerra" podría decirse, desde la perspectiva sustentada en este análisis, que semánticamente resulta inconveniente y hasta peligroso que se utilice la palabra "derecho", dado que, como se dirá de inmediato, tal "derecho" no existe, y en realidad lo que resta es solamente una excepción, una, digámoslo así, justificación a la guerra, pero no un derecho, que haría creer que es necesario hacer la guerra, que es algo positivo que incluso habría que promover.

En efecto, este *"ius ad bellum"* se encuentra regulado por muy pocas normas, las cuales pertenecen al ámbito más general del Derecho internacional público y específicamente están contenidas en la Carta de las Naciones Unidas, documento adoptado con posterioridad a las dos guerras mundiales precisamente con ocasión de la configuración de un nuevo esquema institucional de la comunidad internacional a raíz de tales conflictos y en virtud de las atrocidades que se cometieron en los mismos.

Así las cosas, la referida Carta de Naciones Unidas comienza dejando bastante claro que la guerra no es la solución de preferencia ante una determinada controversia, lo que resulta de una lectura conjunta de los apartados 3 y 4 del artículo 2 de este instrumento internacional, según los cuales: *"3. Los Miembros de la Organización arreglarán sus controversias internacionales por medios pacíficos de tal manera que no se pongan en peligro ni la paz y la seguridad internacionales ni la justicia. 4. Los Miembros de la Organización, en sus relaciones internacionales, se abstendrán de recurrir a la amenaza o al uso de la fuerza contra la integridad territorial o la independencia política de cualquier Estado, o en cualquier otra forma incompatible con los Propósitos de las Naciones Unidas".*

Lo dispuesto en los apartados que se acaban de citar obliga a decir que, en realidad, el principio general es que la guerra está prohibida. No obstante, también hay que indicar que la propia Carta de Naciones Unidas establece algunas excepciones a ese principio general. De esta forma, se encuentra prevista la posibilidad de recurrir a la fuerza en casos de legítima defensa, ejercida por un solo país o por varios, en virtud de un ataque armado (artículo 51) así como la posibilidad de una decisión del Consejo de Seguridad (debidamente fundamentada de acuerdo al capítulo VII de la Carta de Naciones Unidas) que autorice dicho uso de la fuerza.

A lo que se quiere llegar con estas referencias es a que hablar, hoy en día, de un "derecho" a la guerra no luce adecuado a la realidad normativa imperante, que aboga más bien por una prohibición general de hacer la guerra, que tiene excepciones (puede que incluso polémicas) pero que mal podrían ser etiquetadas con el rótulo de un derecho.

Dando mayor fuerza a esa prohibición general de hacer la guerra, además, es pertinente recordar que en el año 2010, en la llamada Conferencia de Revisión del Estatuto de la Corte Penal Internacional (o Estatuto de Roma), realizada en Kampala, se adoptó una definición del crimen de agresión conforme a la cual se entiende como acto de agresión (y es parte esencial del tipo penal del mencionado crimen) *"el uso de la fuerza armada por un Estado contra la soberanía, la integridad territorial o la independencia política de otro Estado, o en cualquier otra forma incompatible con la Carta de las Naciones Unidas*" (párrafo 2 del artículo 8 bis).

Queda bastante claro, entonces, que la guerra está prohibida de manera explícita por un conjunto de normas internacionales e incluso bajo la amenaza de una sanción penal a través de la recién mencionada tipificación del crimen de agresión en el Estatuto de Roma, por lo que la iniciación de un conflicto armado es, y debe ser, algo excepcional desde el punto de vista normativo, si bien no puede decirse lo mismo desde una perspectiva fáctica, a lo que deben sumarse las dificultades que, con todo, el propio tipo del crimen de agresión suscita[63].

Así, pues, debe quedar señalado que, a pesar de esta prohibición general, la guerra es una posibilidad siempre latente y lamentablemente no es posible erradicar absolutamente su existencia, con lo que las normas del DIH aplicables a ella, pero quizá más el análisis de sus causas y consecuencias y por lo tanto una aproximación a métodos o conductas que permitan prevenir que las mismas ocurran, son de una indudable relevancia y actualidad.

---

[63] Al respecto, AMBOS, Kai. *Conceptos básicos del Derecho Internacional Humanitario y el nuevo crimen de agresión.* Universidad Externado de Colombia. Bogotá, Colombia. 2012. A su vez, crítico con respecto al vínculo entre el Consejo de Seguridad de la ONU y la definición de la agresión (artículo 15 bis del Estatuto de Roma), véase a SATZGER, Helmut. *Internationales und Europäisches Strafrecht.* Cuarta edición. Pág. 320. Nomos Verlagsgesellschaft. Baden-Baden, Alemania. 2010.

III. El ser humano como doble protagonista de las guerras

De acuerdo con lo dicho hasta este punto, entonces, es necesario o al menos conveniente indagar por qué suceden las guerras y cuáles son sus consecuencias, para lo que puede empezarse indicando que, en definitiva, el ser humano es doble protagonista de todo conflicto armado. Lo es por cuanto decide y ejecuta los ataques armados propios de una guerra, pero también por cuanto a pesar de la producción de evidentes daños y pérdidas materiales es el ser humano el que se constituye como principal víctima de la guerra. En tal sentido, entonces, puede decirse que el ser humano, en las guerras, aparece tanto como perpetrador como víctima.

Esta afirmación es de importancia para no olvidar que el centro de todo debe ser en cualquier caso el ser humano (a veces olvidado en un océano de disposiciones legales o de debates acerca de nuevas tecnologías como es el caso de los llamados "drones") y que los perpetradores así como las víctimas son precisamente seres humanos.

Al tratarse de seres humanos, entonces, no puede olvidarse que los mismos están insertos en un marco concreto, a saber el del lugar en el que viven, el de la cultura que han absorbido así como el de las creencias, ética y valores que han tomado de su entorno, a lo cual debe sumarse, en un sentido más general, la historia misma de la humanidad y algunos principios y leyes más o menos universales o compartidos en gran medida por toda la raza humana.

Siendo ello así, vale la pena preguntarse por qué los seres humanos hacen la guerra y por ende pasan a ser perpetradores y a generar víctimas, e incluso qué es lo que lleva a una persona a cometer, ya en el contexto del conflicto armado, crímenes de guerra y victimizar de esa manera a otros seres humanos. A estas preguntas, por supuesto, se ha dado múltiples respuestas y desde diversos puntos de vista que por razones de espacio no se agotarán en este breve análisis.

Una de las respuestas que ha intentado darse a estas interrogantes, con el ánimo práctico de contribuir a la prevención de infracciones al DIH por parte de los combatientes, es la que se ha proporcionado en un estudio llevado adelante por el Comité Internacional de la Cruz Roja bajo el título "Las raíces del comportamiento en la guerra"[64]. Por supuesto, como puede deducirse fácilmente del título indicado, se trata de una aproximación al tema en el marco del conflicto armado, es decir, cuando ya existe el mismo, de modo que no indaga el por qué se produce una guerra en un momento dado, algo que puede hacerse de la mano de algunos conceptos provenientes de las constelaciones familiares, que por lo

---

[64] Estudio cuyos resultados fueron publicados en MUÑOZ-ROJAS y FRÉSARD, Daniel y Jean-Jacques. *The roots of behavior in war. Understanding and Preventing IHL Violations*. International Committee of the Red Cross. Geneve, Switzerland. 2005 (Existe traducción al español de esta publicación).

demás también permiten explicar la perpetración de infracciones al DIH por parte de los combatientes, como se verá de inmediato.

De esta manera, resulta interesante mencionar, al respecto del citado estudio, que de acuerdo con el mismo el recurso a la moral de los combatientes no se presenta como un elemento relevante que puede exhortarles a la no comisión de infracciones al DIH (crímenes de guerra), dado que "la idea de que el portador de un arma es moralmente autónomo es inapropiada", y por cuanto en definitiva dicha moral es con frecuencia relativizada por los combatientes a efectos de librarse de sentimientos de culpa ante conductas atroces que puedan llegar a cometer, algo que en cambio no resulta posible, o al menos no con la misma contundencia, respecto de la ilegalidad de dichas conductas. En tal sentido, dice el estudio, las normas representarían una línea roja fácilmente identificable y mientras que los valores abarcan un espectro más amplio, más vago y más relativo.

En cuanto a este mismo punto se hará en el próximo apartado un vínculo directo con respecto a uno de los aprendizajes que puede tomarse de las constelaciones familiares el cual reafirma la relativización que de sus actos puede hacer una persona para no sentir la carga propia de la culpa.

Por otra parte, el estudio del CICR postula que un requisito esencial para evitar las infracciones al DIH es que haya un adecuado entrenamiento, órdenes estrictas y sanciones efectivas. De esta forma, lo que habría que procurar es que los portadores de armas sean entrenados con la finalidad de que una conducta ajustada a las normas sea, por decirlo de algún modo, automática o natural, y que las órdenes también sean de tal naturaleza que permitan adecuar la conducta de los combatientes con respecto a las exigencias del DIH para, finalmente, imponer sanciones a quienes violenten las mismas.

Siendo así, habría que incidir, sobre todo, en las autoridades de mayor jerarquía que tienen a otros bajo su mando o autoridad, "incluidos los que preparan el terreno político, ideológico y moral que permite deshumanizar al enemigo" (nótese, y recuérdese más adelante, precisamente esa "deshumanización del enemigo" que se intenta llevar a cabo en el contexto de un guerra, o incluso antes, para abonarla).

Finalmente, en cuanto al estudio que se ha venido comentando, el mismo concluye también que es imperativo distinguir entre conocimientos, actitudes y comportamientos, por cuanto si bien es cierto que un portador de armas puede tener amplios conocimientos, por ejemplo, sobre las normas aplicables en un conflicto armado, eso no quiere decir que por ese motivo ajustará su comportamiento a esas normas.

Asimismo, las actitudes de los combatientes no siempre serán suficientes para hacer que se abstengan de cometer infracciones al

DIH, dados los mecanismos de abdicación moral y de obediencia a la autoridad que se verifican en el contexto de una guerra.

Por lo antedicho, entonces, es mucho más consecuente y efectivo influir en los comportamientos de los portadores de armas o de los combatientes, lo cual, como se decía previamente, pasa por llevar a cabo un proceso de integración del DIH en las órdenes, la doctrina y la capacitación, que tendrá como receptores no solamente a los subordinados sino también a los superiores jerárquicos.

IV. La aproximación desde las constelaciones familiares

Ahora bien, corresponde en este apartado llevar a cabo el análisis de la temática desde las enseñanzas que, para estos fines, pueden ser tomadas de lo que se conoce actualmente bajo la denominación de "constelaciones familiares", para lo cual impera hacer un breve comentario de lo que ellas significan así como de los principales elementos que las conforman.

Así, puede decirse que desde hace no mucho tiempo (aproximadamente desde la llegada del siglo XXI), se ha venido difundiendo cada vez más una modalidad de terapia sistémica no tradicional llamada "constelaciones familiares", especialmente gracias a la obra del ya mencionado Bert Hellinger, a quien se considera el principal exponente de esta forma de psicoterapia, entre cuyos antecedentes se encuentran la psicología gestáltica, la programación neuro-lingüística (o PNL), la psicogenealogía y las terapias de familia; motivo por el cual las constelaciones familiares se han nutrido de tales antecedentes[65].

De manera sencilla y resumida puede decirse que las constelaciones familiares se enfocan en la pertenencia de todo individuo a un cierto sistema, básicamente a una familia (o a un cierto grupo), de tal modo que lo que sucede o ha sucedido en ese sistema tiene reflejo también, en cada uno de los individuos que lo conforman. De este modo, se postula la existencia, junto aun inconsciente individual, de un inconsciente familiar, vale decir, de un inconsciente propio de ese sistema que es la familia (lo que entonces no debe confundirse con el concepto de "inconsciente colectivo" de C.G. Jung).

Así, entre las muchas consecuencias que conlleva esta perspectiva, se entiende que una persona es lo que es pero también lo que su sistema familiar es y por tal motivo las perturbaciones de ese sistema (entre ellas, la exclusión de uno de sus miembros, la negación del lugar que le corresponde, o su ausencia por diferentes causas) pueden encontrar una forma de ser expresadas a través de

---

[65] Además de la bibliografía ya citada, cabe mencionar también el siguiente libro de referencia básica sobre las constelaciones familiares: HELLINGER, Bert. *Órdenes del amor. Cursos seleccionados de Bert Hellinger*. 2da edición. Editorial Herder. Barcelona, España. 2011.

desequilibrios o distorsiones en la persona (a los que algunos denominan "implicación" y otros "enredo").

Cuando un sistema está desordenado o desequilibrado, genera sufrimiento, decepción y obstáculos para sus integrantes. Por esta razón, la superación de tales dificultades pasa por ver más allá del individuo, acercándose a su constelación familiar. Gracias a las constelaciones familiares es posible ordenar el sistema al que la persona pertenece, para lo cual este modelo terapéutico representa en una o varias sesiones a los diferentes miembros del sistema mediante personas que hacen las veces de los mismos, ocupando ciertas posiciones que el individuo constelado indica o siente en ese momento.

Por otra parte, es necesario señalar que dentro de los aspectos conceptuales que se manejan en el ámbito de las constelaciones familiares se encuentran dos nociones esenciales, a saber, la de los "órdenes de la ayuda" (Ordnungen des Helfens) y la de los "órdenes del amor" (Ordnungen der Liebe), de las que, a efectos de este análisis, únicamente se ampliará un tanto acerca de esta última.

Así, cuando se habla de órdenes del amor se alude con ello a que todo sistema familiar entraña un cierto orden natural (nutrido por el amor de y entre sus integrantes), el cual atiende a una serie de pautas gracias a las cuales dicho orden o armonía se mantiene.

Cuando hay una ruptura de tal orden entonces surgen dificultades y desequilibrios que deben comprenderse y resolverse.

Hay tres órdenes del amor de gran importancia entonces porque tocan directamente al sistema familiar y de ellos depende que el mismo tenga problemas o no, así como las maneras para devolverle su equilibrio natural.

En primer lugar se habla del derecho a la pertenencia. Es quizá el orden del amor más difícil de aceptar porque implica que todas las personas tienen el mismo derecho a pertenecer, a pesar de que en ocasiones queramos olvidarnos de alguien o excluirlo del sistema porque no encaja con nuestra visión del mundo o nuestra moral. El problema es que, como dice CHAMPETIER DE RIBES, "la energía nunca se pierde. Se conserva en la memoria inherente del <<campo>> y se transmite el recuerdo de todo y de todos con la misma intensidad. El sistema familiar vela por la integridad del clan impidiendo cualquier intento de exclusión u olvido"[66]. La pertenencia, por lo tanto, es algo prioritario, y si somos excluidos u olvidados entonces debemos retornar reconociendo aquello que nos da pertenencia y nos conecta con nuestro sistema familiar.

---

[66] CHAMPETIER DE RIBES, Brigitte. *Empezar a constelar*. Pág. 46. Gaia Ediciones. Madrid, España. 2010.

En segundo lugar se habla del respeto por el orden del sistema. Esto significa que en todo sistema existe un cierto orden que depende básicamente del tiempo que tiene en él cada uno de sus integrantes; así, los padres están antes que los hijos, los abuelos antes que los padres, y los que están antes deben ser respetados por los que están después. Esto aplica incluso a otros grupos, como es el caso de las empresas, en que la antigüedad de los empleados es un concepto esencial, aunque no siempre respetado (y de allí los problemas que puede haber en tales casos). Cada persona, entonces, ocupa un lugar concreto y no debe pretender sustituir al otro o reemplazarlo (un ejemplo de los perjuicios de ello es el de las relaciones incestuosas entre padre e hija – reemplazando a la esposa - o madre e hijo – reemplazando al esposo).

En tercer y último lugar, otro de los órdenes del amor es el equilibrio entre el dar y el recibir. Esto tiene que ver directamente con la idea de compensación, que es una ley natural que rige toda relación interpersonal. Así, cuando no existe un equilibrio entre el dar y el tomar, el sistema automáticamente intenta producir una compensación, que si por ende no es consciente, se realiza de manera inconsciente y a veces negativamente, por ejemplo mediante la expiación, causándose entonces, como dice HELLINGER, un doble sufrimiento[67].

---

[67] HELLINGER, Bert. *Órdenes del amor. Cursos seleccionados de Bert Hellinger.* Obra citada, pág. 308. Como caso concreto, Hellinger cita aquí el de un sujeto que

De estos tres órdenes del amor resultan de especial interés para esta reflexión sobre conflictos armados y crímenes de guerra, el primero y el último de los mencionados, vale decir, el derecho a la pertenencia y el equilibrio entre el dar y el recibir (compensación).

En efecto, en primer lugar puede observarse que en la raíz histórica y sociológica de los conflictos armados parte importante de su desencadenamiento tiene que ver precisamente con la exclusión del grupo etiquetado como "enemigo" y en consecuencia la perpetraciónde un ataque armado, o al menos la aceptación de ella, en su contra, pudiendo ello conllevar, además, el deseo de su aniquilación (lo cual podría acarrear la comisión de crímenes de guerra pero también la perpetración de un crimen de genocidio).

En ese sentido, HELLINGER ha señalado que quienes pertenecen a un cierto sistema o grupo pueden generar una "buena conciencia" conforme a la cual sus integrantes estarían en el lugar correcto y por ende se considerarían a sí mismos los "buenos" de la historia, mientras que los del grupo o sistema "enemigo", esto es, los excluidos, serían los "malos", justificándose, gracias a esa "tranquilidad de conciencia", el ataque dirigido contra ellos[68]. Esto

---

se suicida porque su madre murió al darlo a luz y siente entonces que es culpable de su muerte, lo cual expía mediante el suicidio, causando el doble sufrimiento de la muerte de la madre y su propio suicidio (que implica la no aceptación del regalo de la vida que su madre le entregó).

resulta muy coherente con la explicación del estudio realizado por el CICR en cuanto a la negación del sentimiento de culpa de los combatientes vía la flexibilización o relativización de su moral.

Así las cosas, cuando se potencia la supuesta necesidad de excluir a los otros (en este caso del sistema mayor, vale decir, la humanidad) se produce un desajuste en ese sistema, un desequilibrio que impide una convivencia armónica y que no solamente creará esa "buena conciencia" en un grupo o una de las partes combatientes, sino que también creará otra "buena conciencia" en la otra de las partes combatientes, de modo tal que ambas podrán justificar su comportamiento y su deseo de eliminar al contrario. Se verifica entonces lo que podría llamarse una doble exclusión, que es un perfecto caldo de cultivo para la guerra y que puede impedir durante mucho tiempo el restablecimiento de la paz.

Es también por lo antedicho que la paz podría ser comprendida, justamente, como el encuentro de quienes se excluían mutuamente o el respeto de todos a pertenecer y a formar parte de un mismo sistema, a saber, el conformado por todos y cada uno de nosotros como seres humanos que somos (y que según el tantas veces repetido artículo 1 de la Declaración Universal de los Derechos Humanos, nacemos libres e iguales en derechos).

---

[68] HELLINGER, Bert. *Después del conflicto, la paz*. Obra citada, pág. 24.

Por otra parte, la necesidad de valorar ese derecho a la pertenencia de que hablan las constelaciones familiares ratifica (y se dice ratifica porque hay tantísimos argumentos adicionales) lo perjudicial del denominado y ya bastante conocido "Derecho penal del enemigo" (en alemán, *Feindstrafrecht*) postulado y difundido por el profesor alemán Günther Jakobs y sobre el que ya se han escrito cuantiosas contribuciones[69].

Y es que, en efecto, el Derecho penal del enemigo propone, entre otras cosas, que debe distinguirse entre ciudadanos y enemigos, pero además establece que los enemigos serían "no-personas", esto es, que se les tendría que excluir de la categoría de personas e incluso se les consideraría "indeseables" (*Unerwünschsten*, en alemán), lo que justificaría, entre otras cosas, la aplicación de unas normas penales diferentes a las del "Derecho penal del ciudadano", con todos las arbitrariedades que ello supone[70]. Esto, como es fácil deducir, no puede admitirse a la luz del mencionado derecho a la

[69] La expresión y su significado en el momento actual se perfilan en JAKOBS, Günther. *La ciencia del Derecho penal ante las exigencias del presente.* Universidad Externado de Colombia. Santa Fe de Bogotá, Colombia. 2000; si bien en trabajos anteriores de este autor también se encuentra alguna alusión al llamado Derecho penal del enemigo. Más recientemente puede verse a JAKOBS y CANCIO MELIÁ, Günther y Manuel. *Derecho penal del enemigo.* Editorial Civitas. Madrid, España. 2003; así como la excelente compilación de ensayos llevada a cabo por CANCIO MELIÁ y GÓMEZ-JARA DÍEZ, Manuel y Carlos (Coordinadores). *Derecho Penal del Enemigo. El discurso penal de la exclusión.* Edisofer y Editorial B de F. Buenos Aires, Argentina. 2006.

[70] He criticado esta calificación de "no-personas" en RODRÍGUEZ MORALES, Alejandro J. *Lucha antiterrorista, Derechos Humanos y discurso penal del enemigo.* Pág. 48. Vadell Hermanos Editores. Caracas, Venezuela. 2011.

pertenencia que, respecto del sistema que es la humanidad, tiene todo ser humano conforme al instrumental conceptual de las constelaciones familiares.

En segundo lugar, pasando al orden del amor que prescribe el equilibrio entre el dar y el recibir, esto quiere decir, la idea básica de la compensación, puede igualmente decirse que ello tiene vinculación con las causas y consecuencias de los conflictos armados, toda vez que en ellos suele observarse asimismo una desbalance, movido principalmente por el deseo de venganza (que como apenas hace falta decirlo supone necesariamente no un equilibrio sino un exceso en el que no se quiere compensar el daño que se ha recibido sino, por el contrario, quiere rebasarse, devolverse más allá del mismo).

Claramente en este punto hay que especificar que el daño no es perfectamente cuantificable, pero es aquí en donde entra en juego de manera protagónica la idea de justicia, que en ese orden de ideas vendría a erigirse como el antónimo de la sed de venganza que tantas veces puede evidenciarse en el marco de una guerra, tanto antes, como durante y después de ella. Esto es así por cuanto, a diferencia de la venganza, la justicia no pretende ir más allá de la necesidad de compensar, sino, a través de procesos formales y debidamente regulados, imponer las adecuadas sanciones a quienes han cometido alguna clase de infracción (también de acuerdo a la ineludible comprensión de la libertad y la responsabilidad como caras de una misma moneda).

Por supuesto que debe tenerse sumo cuidado con la noción de justicia para que la misma no se distorsione y adopte en cambio el ropaje de la venganza, como algunas tendencias político-criminales han llegado a proponer; así, por ejemplo, el ya mencionado Derecho penal del enemigo, pero también en términos más generales las corrientes punitivistas o la idea de la tolerancia cero, entre otras.

Y es que, como ha sido puesto de relieve por HELLINGER, cuando la necesidad de justicia se entiende como el deseo de que el otro sufra más de lo que hemos sufrido nosotros, entonces también el otro busca esa misma clase de justicia y de venganza, de modo que el conflicto entre las partes no termina nunca, ya que el referido deseo de hacer justicia es solamente un pretexto para vengarse[71].

De este modo, si se atiende al equilibrio entre el dar y el recibir postulado por las constelaciones familiares, no será la venganza (que en definitiva es una de las cosas que alimenta todo espiral de violencia y todo reinicio de una guerra) sino la justicia lo que tendrá que prevalecer entre quienes protagonizan el conflicto.

---

[71] HELLINGER, Bert. *Después del conflicto, la paz.* Obra citada, pág. 20.

V. Conclusión y posibilidades de aplicación

En estas breves reflexiones se ha procurado dar cuenta de la relevancia que pueden tener algunas de las ideas derivadas de las llamadas constelaciones familiares a los fines de una mejor comprensión de la causas y las consecuencias de los conflictos armados y de los crímenes de guerra, especialmente desde la perspectiva de análisis del tejido social antes, durante y después de la guerra.

A la luz de tales reflexiones puede concluirse que ciertamente una de las cosas que es como leña a la hoguera para un conflicto armado es la configuración social de una "conciencia tranquila" que unifique a un cierto grupo y le permita excluir a quienes no pertenecerían al mismo, además de justificar las posibles acciones que se pudieran perpetrar en su contra, incluso para lograr su aniquilación.

Por su parte, cabe también concluir que, contrariamente a la natural compensación entre el dar y el recibir, el deseo de venganza impide en todas los casos la terminación de los conflictos, tendiendo a su perpetuación, y en algunos casos incluso puede significar la deformación de los necesarios procesos de justicia, que pueden tornarse así en simples disfraces de la venganza que se anhela realizar.

Ahora bien, esta aproximación al tema no es útil solamente para tener una mejor comprensión de lo que ocurre en el tejido social ante las guerras y los conflictos armados, sino que precisamente puede ser de provecho para promover comportamientos diferentes que en tal sentido permitan poner fin a los conflictos o prevenirlos.

Así, entre los comportamientos que habría que estimular estaría el no excluir a nadie (en el sentido de quitarle su derecho a pertenecer), ni siquiera a los perpetradores, fomentando más bien el encuentro.

De igual modo, algo esencial, habría que difundir la necesidad de separarse de una "buena conciencia" para avanzar hacia una visión plural y relativa de las cosas, diametralmente opuesta, por ende, a la intolerancia (en la raíz de muchos conflictos armados, si no de todos).

Finalmente, habría que evitar los "modelos" de justicia que convierten a la misma en meras formas de obtener venganza.

Encuentro, pertenencia, tolerancia y justicia han de constituirse, en definitiva, como palabras fundamentales en la entrada del diccionario que defina a la paz.

VI. Referencias bibliográficas

AMBOS, Kai. *Conceptos básicos del Derecho Internacional Humanitario y el nuevo crimen de agresión.* Universidad Externado de Colombia. Bogotá, Colombia. 2012.

CANCIO MELIÁ y GÓMEZ-JARA DÍEZ, Manuel y Carlos (Coordinadores). *Derecho Penal del Enemigo. El discurso penal de la exclusión.* Edisofer y Editorial B de F. Buenos Aires, Argentina. 2006.

CHAMPETIER DE RIBES, Brigitte. *Empezar a constelar.* Gaia Ediciones. Madrid, España. 2010.

HELLINGER, Bert. *Después del conflicto, la paz.* Editorial Alma Lepik. Buenos Aires, Argentina. 2008.

HELLINGER, Bert. *Órdenes del amor. Cursos seleccionados de Bert Hellinger.* 2da edición. Editorial Herder. Barcelona, España. 2011.

HELLINGER, Bert. *El amor del espíritu. Un estado del ser.* Rigden Institut Gestalt. Barcelona, España. 2012.

JAKOBS, Günther. *La ciencia del Derecho penal ante las exigencias del presente*. Universidad Externado de Colombia. Santa Fe de Bogotá, Colombia. 2000.

JAKOBS y CANCIO MELIÁ, Günther y Manuel. *Derecho penal del enemigo*. Editorial Civitas. Madrid, España. 2003.

MUÑOZ-ROJAS y FRÉSARD, Daniel y Jean-Jacques. *The roots of behavior in war. Understanding and Preventing IHL Violations*. International Committee of the Red Cross. Geneve, Switzerland. 2005.

RODRÍGUEZ MORALES, Alejandro J. *Lucha antiterrorista, Derechos Humanos y discurso penal del enemigo*. Vadell Hermanos Editores. Caracas, Venezuela. 2011.

SALMÓN, Elizabeth. *Introducción al Derecho internacional humanitario*. Pontificia Universidad Católica del Perú y Comité Internacional de la Cruz Roja. Lima, Perú. 2012.

SATZGER, Helmut. *Internationales und Europäisches Strafrecht*. Cuarta edición. Nomos Verlagsgesellschaft. Baden-Baden, Alemania. 2010.

SCHNEIDER, Jakob Robert. *Constelar familias*. Editorial Herder. Ciudad de México, México. 2009.

Sobre algunos aspectos que debieron modificarse en la Conferencia de Revisión del Estatuto de la Corte Penal Internacional (Una evaluación crítica)

I. A manera de introducción: La perfectibilidad del Estatuto de Roma

Luego de transcurridos doce años desde su adopción, se llevó a cabo en el mes de junio del año 2010 la primera modificación del Estatuto de la Corte Penal Internacional, resultado de la correspondiente Conferencia de Revisión, celebrada en Kampala, y de acuerdo con las previsiones contenidas a tales efectos en el artículo 123 de este importante instrumento normativo.

El objeto de estas breves reflexiones, más que analizar en detalle las puntuales modificaciones que se hicieron al denominado Estatuto de Roma (en lo sucesivo, el Estatuto), es someter a una evaluación crítica la referida Conferencia de Revisión, concretamente en lo que atañe a ciertos aspectos que debían y podían haber sido modificados aprovechando esta especial ocasión, así como también aludir brevemente a determinados tópicos que han sido discutidos en el ámbito de la dogmática contemporánea del Derecho penal internacional y que, como se enfatizará en su momento, se entiende en este estudio que así como no fueron modificados tampoco requerían de modificación.

Por ende, no se harán mayores consideraciones en lo que respecta a las reformas concretas que sí se efectuaron y que no obstante ser tales aparejan un avance y son ciertamente plausibles.

Es importante señalar, en todo caso, que la valoración que se hará en estas breves consideraciones se hace desde una perspectiva subjetiva y tan sólo pretende mostrarse una opinión al respecto, por lo que en modo alguno se persigue indicar que esto deba ser necesariamente así o que las modificaciones al Estatuto que aquí se echan de menos debían haberse incluido imperativamente, debiendo acotarse igualmente que en el futuro pueden celebrarse cuantas conferencias de revisión estimen necesarios los Estados Parte de conformidad con el ya citado artículo 123 del Estatuto.

Precisamente, en ese mismo orden de ideas, es conveniente indicar en estas líneas introductorias que el Estatuto de la Corte Penal Internacional es un instrumento normativo que, en cuanto tal, siempre ha de ser perfectible y de alguna forma no puede decirse que sea un documento totalmente terminado, por ende mucho menos que procure ser estático.

Por el contrario, como todo instrumento normativo, es dinámico y debe estar sujeto a modificaciones que tiendan a su perfeccionamiento y adaptación a las necesidades y realidades respectivas del Derecho penal internacional que, como es sabido, es una disciplina que, en cuanto a su configuración en la actualidad, se encuentra en pleno desarrollo y sobre la que aún queda mucho por escribir y experiencias por vivir (siendo que el órgano jurisdiccional de carácter supranacional para su aplicación, la Corte Penal Internacional, apenas entró en funcionamiento el mes de marzo del año 2003).

Sin embargo, más allá de lo "naciente" y dinámico que pueda considerarse al Derecho penal internacional, es fundamental tener muy presente que esa "perfectibilidad" debe tenerse siempre como norte, y en consecuencia todos los esfuerzos por su perfeccionamiento son necesarios, por cuanto se trata de la disciplina vinculada a los hechos punibles de mayor gravedad que puedan ser cometidos, lo que hace, por una parte, que sea de vital importancia evitar su impunidad y prevenirlos, por sus nefastas consecuencias, pero también tener especial cuidado en el cómo se realiza dicha función, puesto que tratándose de crímenes de tal envergadura se hace patente sin dificultad la permanente tentación de utilizar cualesquiera medios para castigar a los responsables, incluso aunque ello supongo la infracción de principios fundamentales.

Es por ello, entonces, que resulta necesaria una continua revisión del Estatuto para acoplarlo cada vez más a una irrenunciable racionalidad penal que sólo puede encontrarse en el punto de equilibrio entre la adecuada sanción de quienes incurren en este tipo de crímenes y al mismo tiempo el respeto ineludible de un conjunto de principios y garantías esenciales para impedir el uso arbitrario del Derecho penal internacional, siendo principios y garantías que por lo demás gozan de un consenso universal, al encontrarse consagrados expresamente en diferentes tratados y convenios internacionales en materia de Derechos Humanos (principio de irretroactividad, garantía del juez natural, derecho a la defensa, condición o presunción de inocencia, principio de respeto a la dignidad humana, entre otros).

Debe recordarse, a su vez, que el Derecho penal internacional es una disciplina de carácter eminentemente punitivo, por cuanto de lo que se trata es de la posibilidad de aplicar penas a quienes incurren en la comisión de crímenes internacionales, con lo que se está en el ámbito de las consecuencias jurídicas más graves que pueden ser impuestas a un ser humano, como es la privación de su libertad, incluso a perpetuidad de acuerdo a lo previsto por el artículo 77 del Estatuto.

En ese sentido, debe estimarse como positivo un constante debate acerca de cómo puede mejorarse cada vez más el Estatuto de

Roma, teniendo que destacarse en este punto la importante labor *de lege ferenda* que está llamada a cumplir la doctrina, que no puede pretender limitarse simplemente a contemplar de una forma descriptiva lo que los instrumentos normativos disponen, sino que también debe comprometerse a llevar a cabo una valoración de los mismos, respecto de la cual habrá diferentes posiciones y desacuerdos pero que en todo caso fomentará la reflexión al respecto.

Teniendo en cuenta esto, se pasará de seguidas a reseñar brevemente una serie de elementos que, desde la adopción del Estatuto en 1998, han sido objeto de discusión por la dogmática penal internacional en el sentido de considerar que han debido incluirse en el texto de dicho instrumento normativo, si bien aquí se intentará mostrar que realmente no ameritan tal inclusión (II).

Posteriormente se entrará al estudio de ciertos aspectos que, en cambio, desde esta contribución, se entiende que efectivamente debían haberse modificado aprovechando la ocasión de esta primera Conferencia de Revisión (III).

Finalmente se intentará ofrecer alguna conclusión respecto a la temática abordada en el presente análisis (IV).

II. Aspectos que no requerían efectivamente de modificación en el Estatuto

En primer término entonces, puede hacerse mención de un conjunto de aspectos que algunos autores dedicados al estudio del Derecho penal internacional han considerado debían encontrarse incorporados en el Estatuto de Roma o tendrían que ser modificados, en punto a lo cual aquí no se concuerda por las razones que se irán exponiendo respectivamente.

Este ejercicio analítico es necesario hacerlo en tanto si el objeto principal de este aporte es poner de relieve aspectos que se debieron modificar, cabe mencionar que habrá quienes consideren estos otros elementos como parte de esa realidad, lo que obliga a dar algunos argumentos, o dicho en otra formulación, expresar una opinión en cuanto a ello, de la cual, como es lógico, podrá perfectamente disentirse.

Así, puede comenzarse por un tema que genera cierta polémica, y es que uno de esos aspectos que aparentemente deberían modificarse es el atinente a la regulación del *quantum* de las penas en el Estatuto, concretamente la previsión del artículo 77, conforme al cual la Corte Penal Internacional podrá aplicar penas de reclusión que no podrán exceder los 30 años (párrafo 1, literal a), o cuando lo justifiquen la extrema gravedad del crimen y las circunstancias personales del condenado, también la reclusión a perpetuidad (párrafo 1, literal b).

En relación a tal regulación del monto de las penas en el Estatuto, se ha dicho que la misma resulta violatoria del principio de taxatividad o determinación de la pena, como derivación propia del fundamental principio de legalidad penal, al no dejarse determinada claramente la cuantía de la sanción de reclusión que pudiera imponerse a una persona condenada por ante este tribunal internacional[72]. Recuérdese, en este sentido, que del principio de legalidad se desprende un mandato de determinación en virtud del cual así como la conducta que se considera criminal debe encontrarse descrita con precisión, también la pena aplicable debe encontrarse indicada adecuadamente por la norma (*nullum crimen, nulla poena sine lege certa*).

Ahora bien, para dar respuesta a este señalamiento es imperativo indicar que en lo atinente al principio de taxatividad o determinación como parte del principio de legalidad penal, es posible hablar de dos formas de garantía que el mismo supondría, a saber, una garantía criminal y una garantía penal[73]. De este modo, la

---

[72] Ha formulado esta crítica, entre otros, ÁLVAREZ GARCÍA, Francisco Javier. *Sobre algunos problemas relativos a la falta de taxatividad en las normas del Estatuto del Tribunal Penal Internacional.* En: CUERDA RIEZU, Antonio y JIMÉNEZ GARCÍA, Francisco (Directores). *Nuevos Desafíos del Derecho Penal Internacional. Terrorismo, crímenes internacionales y derechos fundamentales.* Editorial Tecnos. Madrid, España. 2009.

garantía criminal va referida a la descripción de la conducta que la norma criminaliza, mientras que la garantía penal alude a la descripción de la pena, tanto en su cualidad como en su cantidad y que resulta aplicable respectivamente. Esto tiene como finalidad, que el ciudadano pueda conocer de antemano cuáles comportamientos son considerados punibles y a la vez cuál sería la pena de la que podría hacerse acreedor en el supuesto de incurrir en alguno de esos comportamientos detallados por la norma.

En este orden de ideas, no hay mayor dificultad en expresar que la denominada garantía criminal ciertamente ha de ser bastante rígida, esto quiere decir, que la descripción que la norma debe hacer del comportamiento incriminado tiene que detallar con la mayor precisión posible de qué conducta se trata, de manera que no deje lugar a fórmulas abiertas que permitan incorporar de manera arbitraria cualquier clase de conducta que se quiera (de allí la inadmisibilidad de tipos penales que castiguen, por ejemplo, el hecho de ser maleante o vago, como ocurriera en épocas pretéritas aunque no tan lejanas a nuestros días).

No obstante, en lo que respecta a la garantía penal esa rigurosidad debe necesariamente ceder y cede efectivamente en la práctica en aras de dar respuesta a una orientación político-criminal

---

[73] Sobre esta distinción, RODRÍGUEZ MORALES, Alejandro J. *Síntesis de Derecho Penal. Parte General.* 2da Edición Revisada y ampliada. Pág. 127. Ediciones Paredes Caracas, Venezuela. 2007.

que mueve a terciar por una cierta flexibilidad en este ámbito, particularmente frente al *quantum*, más que en cuanto a la cualidad, de la pena. De esta forma, no es extraño que, por ejemplo, los códigos penales, en su parte especial, conminen los delitos con penas que no son precisamente fijas o "estándar", sino que pueden variar en su cuantía aun cuando se trate del mismo hecho punible; esto es lo que se conoce como un sistema punitivo de límites mínimos y máximos, en el cual queda en manos del órgano jurisdiccional la individualización de la pena en cada caso.

Ello encuentra su razón de ser en que, como se entiende desde los tiempos de Platón, ningún delito es igual a otro, por lo cual decía este importante filósofo: *"¿No hemos de distinguir entre el ladrón que roba mucho o poco, el que roba de lugares sagrados o profanos, ni atenderemos a tantas otras circunstancias enteramente desemejantes entre sí, como se dan en el robo, que siendo muy varias exigen que el legislador se atenga a ellas imponiendo castigos totalmente diferentes?"*[74].

Esta flexibilidad en lo que atañe a la cantidad de pena es la que hace posible, en definitiva, la puesta en práctica de un principio fundamental como lo es el de la proporcionalidad, y de allí que el órgano jurisdiccional debe ajustar o individualizar la pena en cada

---

[74] Según cita de FERRAJOLI, Luigi. *Derecho y Razón. Teoría del garantismo penal.* Pág. 451. Editorial Trotta. Madrid, España. 2001.

caso según la verificación de las circunstancias del mismo, tanto agravantes como atenuantes.

Es siguiendo esta orientación que puede irse un poco más allá y preguntarse acerca de si ese sistema de límites mínimos y máximos en la cuantía de las penas puede reemplazarse en algunos casos o en general por uno, en cambio, de límites máximos únicamente, lo que a primera vista podría verse casi como un sacrilegio para quienes profesan un legalismo al mejor estilo de Montesquieu y que por lo tanto entienden a los jueces como meras "bocas que pronuncian las palabras de la ley".

Por este motivo, como se ha dicho en otro lugar, no sería tan irreverente pensar en una alternativa de límites máximos solamente, puesto que en realidad la finalidad del principio de legalidad (del que es una expresión la taxatividad o determinación), es que el ciudadano tenga certeza acerca de cuál es la pena mayor que pudiera serle aplicada, o en términos coloquiales, qué es lo peor que le podría pasar, que es lo que le interesa efectivamente a la persona y no tanto cuál sería la menor pena que se le podría aplicar[75]. Incluso,

---

[75] Como se sostuviera ya en RODRÍGUEZ MORALES, Alejandro J. *Las consecuencias jurídicas del delito en la reforma parcial del Código Penal venezolano de 2005*. En, del mismo autor: *Dogmática Penal y Crítica*. Pág. 114. Vadell Hermanos Editores. Caracas, Venezuela. 2008. Previamente también en RODRÍGUEZ MORALES, Alejandro J. *La Corte Penal Internacional. Complementariedad y competencia*. Pág. 91. Vadell Hermanos Editores. Caracas, Venezuela. 2005.

en el Código Penal venezolano, hay ejemplos de ese sistema alternativo, concretamente en el artículo 537, el cual solamente fija un límite máximo de la pena aplicable, no así un límite mínimo, dejando en manos del juez la correspondiente determinación judicial de la pena.

Adicionalmente a lo dicho, los Estados tienen la posibilidad de, al momento de implementar el Estatuto de Roma en el ámbito interno, hacer uso del sistema de límites mínimos y máximos para amenazar los crímenes internacionales que sean tipificados de esa manera, a los fines de no alterar demasiado los modelos nacionales a ese respecto.

De acuerdo a estas consideraciones, por lo tanto, no era necesario que se modificara el Estatuto en este punto y, en efecto, ello no fue objeto de revisión, más allá de las críticas que, como se dijo, algunos autores han formulado en relación a esta interesante temática.

Otro aspecto que en principio pudiera pensarse que podía haber sido objeto de modificación en la pasada Conferencia de Revisión es el correspondiente a la inclusión de una responsabilidad penal internacional no sólo de personas individuales, como actualmente se consagra en el artículo 25.1 del Estatuto de Roma, sino también de las personas jurídicas.

Y es que, en efecto, de acuerdo con dicha previsión la Corte Penal Internacional (CPI) únicamente puede conocer de la responsabilidad de personas naturales, no así de entes abstractos, bien sean empresas, organizaciones o Estados, a diferencia de otros tribunales internacionales que, en cambio, típicamente conocen de responsabilidad estatal (como es el caso de la Corte Internacional de Justicia).

Tal regulación se aparta de lo que había sido dispuesto en Estatuto del Tribunal Militar Internacional de Nüremberg del 8 de agosto de 1945, el cual contemplaba en su artículo 9 la posibilidad de declarar a una organización o grupo determinado como una organización criminal, añadiéndose en el artículo 10 la posibilidad de hacer responder a los individuos por su pertenencia a una organización o grupo criminal; mientras que el Estatuto de Roma ha optado por seguir el criterio tradicional en la dogmática penal conforme al cual sólo pueden responder penalmente las personas físicas, confirmando la expresión latina "*societas delinquere non potest*" (las sociedades no pueden delinquir), el cual, en los últimos tiempos, se ha visto resentido y rechazado por un amplio sector de la doctrina[76]. Se ha omitido, de tal manera, la posibilidad de declarar

---

[76] Sobre el tema en la doctrina venezolana puede consultarse la monografía de MODOLELL, Juan Luis. *Persona jurídica y responsabilidad penal*. Universidad Central de Venezuela. Caracas, Venezuela. 2002.

responsables penalmente ante la CPI a organizaciones o grupos criminales.

Dicho omisión ha sido criticada, entre otros autores por BAIGÚN, quien echa de menos que no se haya incorporado esta forma de responsabilidad a pesar de la relevancia que pueden llegar a tener ciertas organizaciones o grupos, incluso corporativos, en la comisión de crímenes internacionales de la competencia de la Corte Penal Internacional, fundamentalmente en los crímenes de guerra[77], como sería el caso, por mencionar el ejemplo quizá más relevante, de los denominados mercenarios y su ya bien conocida participación directa en el marco de diferentes conflictos armados.

Ahora bien, el que la competencia personal de la Corte se circunscriba a las personas naturales tiene mucho que ver con el carácter penal del Derecho penal internacional, ya que entre los principios fundamentales del Derecho penal, y que aquél ha de compartir con éste, se encuentra el principio de culpabilidad, de máxima importancia por su valor garantista. Ciertamente, este principio de culpabilidad conlleva, entre otras cosas, la necesidad de imputar subjetivamente el delito a un cierto individuo que lo ha

---

[77] Crítica que formula de manera vehemente en BAIGÚN, David. *El Estatuto de Roma y la responsabilidad penal de las personas jurídicas*. En: ARROYO ZAPATERO, Luis A. y BERDUGO GÓMEZ DE LA TORRE, Ignacio (Dir.). *Homenaje al Dr. Marino Barbero Santos. In Memoriam*. Ediciones de la Universidad Castilla-La Mancha y Ediciones Universidad de Salamanca. Cuenca, España. 2001.

cometido, por lo que puede decirse que es necesario un proceso de individualización del hecho.

A su vez, debe observarse que del principio de culpabilidad se deriva igualmente la denominada personalidad o intrascendencia de las penas, lo que quiere decir que éstas sólo pueden ser impuestas específicamente a la persona que ha realizado el hecho punible, no pudiendo aceptarse, por ejemplo, el castigo de una colectividad (lo que ocurriría en el caso de la pretendida responsabilidad penal de las personas jurídicas). Es de subrayar que el artículo 33 del Convenio (IV) de Ginebra de 12 de agosto de 1949 hace referencia a esta cuestión, señalando expresamente: "No será castigada ninguna persona protegida por infracciones que no haya cometido ella misma. Las penas colectivas, así como toda medida de intimidación o terrorismo, quedan prohibidas". De este modo, un instrumento jurídico tan importante como éste en el ámbito del Derecho internacional humanitario exige que las penas sólo pueden imponerse a los individuos por sus hechos, esto es, la necesidad de una imputación subjetiva.

Y es que, además del importante principio de culpabilidad, hay que constatar que el Derecho penal y la teoría del delito se han construido pensando en las personas naturales o físicas, de forma que los elementos del hecho punible se han erigido en base a la comisión de delitos por parte de individuos y no de personas jurídicas u organizaciones criminales. En este sentido, admitir la responsabilidad penal de las personas jurídicas implicaría necesariamente una reelaboración de conceptos fundamentales de la teoría general del delito, tales como la acción y, particularmente, la culpabilidad, pues difícilmente pueda sostenerse que una empresa, grupo u organización pueda ser motivada por la norma penal y adapte su comportamiento en consecuencia. De esta forma, aquí se considera que resulta inadmisible una responsabilidad penal de las personas jurídicas y tal ha sido también la posición adoptada por el Estatuto de Roma.

En definitiva, aquí se considera acertada la exclusión de una responsabilidad penal de las personas jurídicas en el Estatuto, si bien es cierto que muchas corporaciones pueden contribuir de una forma u otra con la comisión de crímenes internacionales, específicamente de los crímenes de guerra, por lo que una solución viable es que los ordenamientos internos se ocupen de la limitación de las actividades de empresas y corporaciones que estén dirigidas a contribuir con la comisión de tales crímenes, por ejemplo, prohibiendo la producción de ciertas armas o la posibilidad de contratar servicios especializados de "mercenarios", pudiendo imponerse sanciones administrativas a las personas jurídicas que realicen tales actividades.

Finalmente, en lo que se refiere a estos aspectos aparentemente necesitados de consideración en la revisión del

Estatuto de Roma, puede hacerse mención asimismo de la siempre polémica temática del terrorismo, que origina la pregunta de si debería incluirse o no como uno más de los crímenes de la competencia material de la Corte Penal Internacional, especialmente por la relevancia que en la última década se le ha venido confiriendo a la llamada "guerra contra el terrorismo".

En cuanto a una tal posibilidad debe responderse desde estas líneas negativamente, vale decir, que no parece conveniente pretender incluir un crimen de terrorismo dentro del catálogo de crímenes que se tipifican en el Estatuto de Roma, puesto que ello se enfrente con dos graves dificultades que llevan a dicha afirmación.

Así, en primer lugar, debe observarse que hablar de "terrorismo" es hablar de una categoría con una innegable carga política, en tanto precisamente se trata de un término que se ha manejado en no pocas ocasiones de manera oportunista y según los intereses en juego de quien lo utiliza en un momento dado, de modo que la calificación de una individuo, grupo o Estado como terrorista puede ser tan discrecional como la tendencia ideológica de quien lleva cabo esa calificación.

En segundo lugar, y directamente vinculado con lo anterior, el término "terrorismo" es difuso e indeterminado, esto es, no puede decirse que exista un verdadero consenso universal en cuanto a su definición, al punto que no hay hasta la fecha un documento concreto que logre aportar un concepto claro de lo que es el terrorismo, y por eso la existencia apenas de un plexo de tratados y convenios que dan ejemplos de actos terroristas, pero sin ir más allá de ello. Se está, en consecuencia, en un terreno ciertamente inseguro.

Y es que precisamente, uno de los principales problemas del concepto de terrorismo es que pretende aglutinar una serie de actos de diversa naturaleza y entidad alrededor de un elemento intencional común, como lo sería intimidar gravemente a una población, obligar indebidamente a los poderes públicos o a una organización a realizar un acto o abstenerse de hacerlo, o desestabilizar o destruir las estructuras fundamentales políticas, constitucionales, económicas o sociales de un país o una organización internacional (conforme al concepto incorporado en la Decisión Marco de la Unión Europea sobre la Lucha contra el Terrorismo, de fecha 13 de junio de 2002). Como se ve, se trata de un verdadero cajón de sastre, donde puede encontrarse lo que se quiera según las conveniencias del momento, ya que el núcleo fundamental sería el dolo (o intención) especial de subvertir el orden establecido y la paz y tranquilidad públicas, conceptos absolutamente indeterminados y genéricos o que pueden hallarse presentes en prácticamente cualquier hecho delictivo.

En todo caso, lo que sí es posible sostener, como lo hacen de modo acertado por ejemplo OLÁSOLO ALONSO y PÉREZ

196

CEPEDA[78], es que determinados actos terroristas pueden llegar a ser conocidos por la Corte Penal Internacional cuando los mismos pueden subsumirse o encuadrar dentro de las descripciones típicas del Estatuto de Roma, muy especialmente las de los crímenes de lesa humanidad (artículo7) y, con mayor énfasis aún, las de los crímenes de guerra (artículo 8).

Por lo anterior, aquí se entiende que la inclusión de un pretendido crimen de terrorismo en el Estatuto de Roma no era en realidad necesaria ni conveniente.

En virtud de lo anterior, la competencia material (o competencia *ratione materiae*) de la Corte Penal Internacional seguirá conformada por lo pronto por los mismos cuatro crímenes que desde la adopción de su Estatuto se previeron como los más graves para la comunidad internacional en su conjunto, a saber, genocidio, crímenes de lesa humanidad, crímenes de guerra y el ahora ya definido pero desde aquel momento ya incorporado programáticamente, crimen de agresión.

---

[78] Así, en OLÁSOLO ALONSO, Héctor y PÉREZ CEPEDA, Ana Isabel. *Terrorismo internacional y conflicto armado*. Editorial Tirant Lo Blanch, Valencia, España. 2008.

III. Algunos aspectos que debieron modificarse en el Estatuto

La ocasión de la celebración de la primera Conferencia de Revisión del Estatuto de Roma no es única, pero sí era importante, particularmente porque transcurrieron doce años desde la adopción de este instrumento para que esto se llevase a cabo y habrán de pasar unos siete años más para que se repita la oportunidad de una revisión de este tipo, de manera tal que se trataba de una coyuntura que pudo haberse aprovechado para ir más lejos de lo que se hizo en Kampala en el mes de junio del año 2010.

En ese sentido, hay algunos aspectos que aquí se considera podían haberse sometido a una mayor reflexión y una merecida revisión o modificación a su tratamiento actual en el Estatuto de Roma, si bien se hará indicación arbitraria de cierto número de ellos, puesto que podrían ser más, siendo que únicamente se ha querido abordar los que a continuación se ponen de manifiesto.

Uno de esos aspectos que desde que se adoptó el Estatuto de Roma ha encontrado ciertamente un fuerte rechazo por parte de la doctrina especializada en materia de Derecho penal internacional es el que se refiere a la denominada cláusula de *opting-out* en relación a los crímenes de guerra, la cual se halla consagrada en el artículo 124 del ECPI y de la que algunos Estados han hecho uso efectivamente.

En efecto, de acuerdo con dicha cláusula los Estados pueden *optar* por no reconocer la competencia de la Corte Penal Internacional en lo que respecta a los crímenes de guerra por un período de siete años contados desde la entrada en vigor del ECPI para el Estado Parte correspondiente que utilice esta opción.

Dicha declaración, desde la perspectiva de este análisis, menoscaba el funcionamiento efectivo de la Corte Penal Internacional impidiéndole hacer justicia ante una de las categorías de crímenes internacionales de mayor importancia y más evidente como es la de los crímenes de guerra, cuya condena es sin duda universal.

Recuérdese, en este punto, que los cuatro Convenios de Ginebra de 12 de agosto de 1949 son los tratados internacionales que, hoy por hoy, tienen el récord de mayor número de Estados signatarios, a saber, un total de 196, por lo que puede afirmarse que el Derecho Internacional Humanitario allí contenido, y los crímenes de guerra que son infracciones graves a ese conjunto normativo, tienen un reconocimiento mundial.

Por otra parte, la referida cláusula de *opting-out* que se dejó intacta durante la Conferencia de Revisión, es, de una u otra manera, una especie de reserva, no solamente porque el Estado respectivo se excluye a sí mismo de todo un artículo del tratado (el más largo, por cierto), sino porque, como las reservas, incluso se hace al momento de suscribir el tratado, en este caso el ECPI. Ello, por supuesto, entra en frontal contradicción con lo dispuesto en el propio ECPI, que en su artículo 120 establece claramente que el Estatuto no admite reservas.

Otro aspecto que podría haberse suprimido y que incluso entraña una mayor gravedad en términos de afectar la justicia penal internacional, es el atinente a la "facultad" que se confiere nada menos que al Consejo de Seguridad de la Organización de Naciones Unidas de suspender investigaciones o enjuiciamientos que estén siendo llevados a cabo por la Corte Penal Internacional.

Por increíble que parezca, el artículo 16 del ECPI establece que el Consejo de Seguridad de la ONU puede pedir a la Corte Penal Internacional que no inicie o que suspenda por un plazo de doce meses la investigación o el enjuiciamiento que haya iniciado. Esto supone, en tal sentido, que se otorga al Consejo de Seguridad una potestad extraordinaria, y ajena al sistema mismo de la Corte y a su naturaleza jurídica, de acuerdo a la cual puede impedir que pueda llevarse adelante la acción de la justicia penal internacional por parte de este órgano jurisdiccional.

Sumado a ello, debe resaltarse que ese plazo de doce meses, de conformidad con la propia norma indicada, puede ser renovada en las mismas condiciones, vale decir, por otros doce meses adicionales. Además, la norma en cuestión no establece una restricción en cuanto al número de veces en que puede ser renovada tal solicitud, por lo que fácticamente la suspensión de la investigación o el enjuiciamiento podría tener un carácter indefinido y por ende completamente nugatorio de una de las premisas fundamentales del ECPI, a saber, como lo dice su Preámbulo, poner fin a la impunidad de los más graves crímenes internacionales.

Como si eso no fuera suficiente, el referido artículo 16 del ECPI utiliza el término, taxativo y que hace pensar más en una "potestad" que en una "facultad", conforme al cual la Corte "procederá" a esa suspensión, por lo que se le niega la posibilidad de decisión al respecto, convirtiendo la misma en una obligación de suspender efectivamente la investigación o el enjuiciamiento cada vez que así lo decida "pedir" el Consejo de Seguridad.

De acuerdo a lo anterior, luce bastante evidente que el artículo 16 del ECPI debía ser eliminado o suprimido en el marco de la Conferencia de Revisión, o en el peor de los casos al menos modificarlo a fines de restringir la posibilidad de renovación de la solicitud de suspensión y la obligatoriedad para la Corte de proceder a dicha suspensión.

Pasando a otro de los temas que podía haberse incluido en las discusiones de Kampala para modificar el ECPI, puede decirse que la Conferencia de Revisión se trataba de una oportunidad idónea para incorporar, en el tipo penal de los crímenes de guerra, el crimen de uso de armas nucleares, tanto en el marco de un conflicto armado internacional como en el de un conflicto armado no internacional.

Efectivamente, es bien sabido que el Derecho internacional humanitario, que es la base para la tipificación de los crímenes de guerra en el Derecho penal internacional, prohíbe de una forma tajante el uso de ciertas armas mediante un conjunto de normas a tales fines (las que algunos autores denominan "Derecho de La Haya", para distinguirlas de las que conforman el "Derecho de Ginebra"[79], referido ya no a las armas y métodos de guerra sino a la protección de personas y bienes).

A ese respecto cabe advertir que no hay una norma que haga referencia a la prohibición del uso de armas nucleares en cuanto tal, ni un tratado específico que considere como crimen el mismo, algo que encuentra fácil explicación en las trabas políticas que entrañaría la posible adopción de una norma o un tratado en ese sentido.

---

[79] Entre los autores que hacen dicha distinción, más que todo de orden didáctico, puede verse a KALSHOVEN y ZEGVELD, Frits y Liesbeth. *Restricciones en la conducción de la guerra. Introducción al derecho internacional humanitario.* Págs. 21 y siguientes. Comité Internacional de la Cruz Roja. Buenos Aires, Argentina. 2001.

A pesar de ello, los artículos 35 y 51 del Protocolo Adicional I (PA I) de 1977 dejan bastante claro que las armas nucleares no son admisibles a la luz del Derecho internacional humanitario y que, de hecho, violentan de manera bastante notoria no una sino dos premisa esenciales en lo que respecta a restricciones en la conducción de las hostilidades.

De este modo, por una parte las armas nucleares violan la exigencia del artículo 35 del PA I de acuerdo a la cual queda prohibido el empleo de armas que causen males superfluos o sufrimientos innecesarios. Claramente, las armas nucleares (piénsese para mayor y mejor referencia en las bombas atómicas lanzadas sobre Hiroshima y Nagasaki), se ajustan a esa descripción.

En cuanto a lo anterior, pueden citarse los comentarios que hace el Comité Internacional de la Cruz Roja acerca de este artículo del PA I y el término males superfluos o sufrimientos innecesarios. Así, se dice que, de acuerdo con la fórmula usada en el referido artículo 35, *"está prohibido emplear medios que vayan más allá de lo necesario para poner el adversario fuera de combate"*, reiterando además que la finalidad es *"evitar a los combatientes males y sufrimientos que excedan lo que se necesita para poner al adversario fuera de combate"*[80].

---

[80] COMITÉ INTERNACIONAL DE LA CRUZ ROJA. *Comentario del Protocolo*

Adicionalmente, respecto al propio artículo 35 del PA I, una bomba atómica como la que destruyó Hiroshima claramente viola otra de las prohibiciones consagradas en esta disposición, a saber, la atinente al empleo de métodos o medios de hacer la guerra que hayan sido concebidos para causar, o de los que quepa prever que causen daños extensos, duraderos y graves al medio ambiente natural. Resulta evidente que las bombas atómicas tienen tales consecuencias, las cuales, como ha sido comprobado ya suficientemente, pueden perpetuarse durante décadas, tanto así que la mayor cantidad de muertes en Hiroshima y Nagasaki tuvo lugar después del lanzamiento de las bombas y no en ese mismo momento.

En conexión con lo antedicho, puede decirse igualmente que en la Conferencia de Revisión pudo haberse incorporado al catálogo de crímenes contenido en el ECPI una modalidad de crímenes de guerra vinculada a la prohibición de la modificación o destrucción del medio ambiente como método de conducción de las hostilidades. Al respecto, valga recordar aquí que desde el año 1976 se adoptó la Convención sobre la prohibición de utilizar técnicas de modificación ambiental con fines militares u otros fines hostiles, la que hasta

del 8 de junio de 1977 adicional a los Convenios de Ginebra del 12 de agosto de 1949 relativo a la protección de las víctimas de los conflictos armados internacionales (Protocolo I). Tomo I. Págs. 560 y 561. Plaza & Janés Editores y Comité Internacional de la Cruz Roja. Bogotá, Colombia. 2001.

comienzo del año 2017 cuenta con 77 Estados Partes y 16 que aunque no la han ratificado ya la han suscrito.

De otra parte, pasando ahora al artículo 51 del PA I, es más evidente aún la violación del Derecho internacional humanitario que supone el uso de bombas atómicas. Y es que dicha norma establece de forma tajante que se prohíben los ataques indiscriminados, vale decir, según la propia norma, aquellos que pueden alcanzar indistintamente a objetivos militares y a personas civiles o bienes de carácter civil.

A lo que alude tal prohibición es, en definitiva, a la necesidad de preservar uno de los principios más importantes del Derecho internacional humanitario, como lo es el principio de distinción, conforme al cual las Partes en conflictos deberán en todo momento distinguir entre población civil y combatientes, y entre bienes civiles y objetivos militares (artículo 48 del PA I), dado que en el marco del conflicto armado solamente están permitidos los ataques contra tales objetivos y no, en cambio, contra la población civil o bienes de carácter civil.

Casi resulta innecesario decir que una bomba atómica lanzada sobre una ciudad, la cual arrasa llevándose consigo la vida de cientos de miles de personas y destruyendo toda edificación, casa, hospital o escuela en numerosos kilómetros a la redonda tiene efectos indiscriminados y mata y afecta indistintamente a objetivos militares y a personas civiles y bienes de carácter civil, precisamente lo que se encuentra prohibido en el artículo 35 del PA I.

Por último, en lo que toca a las oportunidades que fueron desaprovechadas en la Conferencia de Revisión del ECPI en Kampala, puede hacerse mención de lo que en realidad no es un crimen internacional sino en cambio un delito que puede ser cometido en el contexto de un proceso que pueda estar teniendo lugar por ante la Corte Penal Internacional.

En efecto, el artículo 70 del ECPI tipifica una serie de delitos contra la administración de justicia, incluyendo entre otros el delito de falso testimonio así como el de soborno[81]. No obstante, algo que no se tuvo en cuenta es que en el listado de dichos delitos se omitió una de las conductas delictivas de mayor relevancia en cuanto a la acción de la justicia y que en efecto podría perpetrarse en el marco de un proceso ante la Corte, a saber, la denominada prevaricación.

En virtud de lo anterior, entonces, en la Conferencia de Revisión pudo haberse resuelto esa omisión, incluyendo a la prevaricación en el catálogo de delitos contra la administración de

---

[81] Me he referido más ampliamente a tales delitos en RODRÍGUEZ MORALES, Alejandro J. *La Corte Penal Internacional. Complementariedad y competencia.* Op. cit., págs. 160 y siguientes. En este libro ya había puesto de manifestó, además, la omisión del delito de prevaricación a que me refiero acá.

justicia contenido en el artículo 70 del ECPI, algo que, lamentablemente, no se hizo.

IV. A manera de conclusión

Como se ha intentado mostrar al hilo de estas modestas reflexiones sobre lo ocurrido en Kampala, hay cosas que no había que modificar y en efecto no se modificaron, cosas que sí había que modificar y no se modificaron y, finalmente, cosas que se debían modificar y efectivamente se modificaron.

En ese sentido, cabe agradecer las primeras y las últimas, entre las cuales, quizá la más importante de todas, la inclusión, por fin, de la definición del crimen de agresión, completándose así la totalidad de la competencia material de la Corte que desde 1998 ya se había previsto en el artículo 5 de su Estatuto.

En consecuencia, si se hace un balance general, para concluir estos comentarios, puede afirmarse que durante la Conferencia de Revisión se tomaron decisiones acertadas, si bien lamentablemente no se tomaron otras que pudieron haberse tomado para corregir algunos desaciertos del Estatuto. De cualquier manera, será el tiempo el que dirá si las decisiones que no se tomaron afectarán de modo importante o no el futuro de la justicia penal internacional.

Aún más, impera mencionar que las modificaciones que no se hicieron en Kampala y que en estas reflexiones se pusieron de relieve, pueden hacerse en cualquier momento, por lo que las oportunidades perdidas podrán ser recuperadas. Desde acá se espera que así sea y si este modesto texto contribuye de alguna forma a sumar voluntades en ese sentido sin duda habrá excedido en mucho su humilde finalidad.

V. Referencias bibliográficas

- ÁLVAREZ GARCÍA, Francisco Javier. *Sobre algunos problemas relativos a la falta de taxatividad en las normas del Estatuto del Tribunal Penal Internacional.* En: CUERDA RIEZU, Antonio y JIMÉNEZ GARCÍA, Francisco (Directores). *Nuevos Desafíos del Derecho Penal Internacional. Terrorismo, crímenes internacionales y derechos fundamentales.* Editorial Tecnos. Madrid, España. 2009.

- BAIGÚN, David. *El Estatuto de Roma y la responsabilidad penal de las personas jurídicas.* En: ARROYO ZAPATERO, Luis A. y BERDUGO GÓMEZ DE LA TORRE, Ignacio (Dir.). *Homenaje al Dr. Marino Barbero Santos. In Memoriam.* Ediciones de la Universidad Castilla-La Mancha y Ediciones Universidad de Salamanca. Cuenca, España. 2001.

- COMITÉ INTERNACIONAL DE LA CRUZ ROJA. *Comentario del Protocolo del 8 de junio de 1977 adicional a los Convenios de Ginebra del 12 de agosto de 1949 relativo a la protección de las víctimas de los conflictos armados internacionales (Protocolo I).* Tomo I. Plaza & Janés Editores y Comité Internacional de la Cruz Roja. Bogotá, Colombia. 2001.

- FERRAJOLI, Luigi. *Derecho y Razón. Teoría del garantismo penal.* Editorial Trotta. Madrid, España. 2001.

- KALSHOVEN y ZEGVELD, Frits y Liesbeth. *Restricciones en la conducción de la guerra. Introducción al derecho internacional humanitario.* Comité Internacional de la Cruz Roja. Buenos Aires, Argentina. 2001.

- MODOLELL, Juan Luis. *Persona jurídica y responsabilidad penal.* Universidad Central de Venezuela. Caracas, Venezuela. 2002.

- OLÁSOLO ALONSO, Héctor y PÉREZ CEPEDA, Ana Isabel. *Terrorismo internacional y conflicto armado.* Editorial Tirant Lo Blanch. Valencia, España. 2008.

- RODRÍGUEZ MORALES, Alejandro J. *Síntesis de Derecho Penal. Parte General.* 2da Edición Revisada y ampliada. Ediciones Paredes. Caracas, Venezuela. 2007.

- RODRÍGUEZ MORALES, Alejandro J. *Las consecuencias jurídicas del delito en la reforma parcial del Código Penal venezolano de 2005*. En, del mismo autor: *Dogmática Penal y Crítica*. Vadell Hermanos Editores. Caracas, Venezuela. 2008.

- RODRÍGUEZ MORALES, Alejandro J. *La Corte Penal Internacional. Complementariedad y competencia*. Vadell Hermanos Editores. Caracas, Venezuela. 2005.

Una propuesta venezolana de implementación del Estatuto de la Corte Penal Internacional[*]

I. Introducción

La suscripción del Estatuto de la Corte Penal Internacional (ECPI) en la histórica fecha de 17 de julio de 1998, en la ciudad de Roma, Italia, ha supuesto un paso trascendental en el camino hacia una verdadera justicia penal internacional dirigida a evitar la impunidad de los responsables de los más graves crímenes internacionales (genocidio, crímenes de lesa humanidad y crímenes de guerra). Venezuela fue el primer país iberoamericano en hacerse Estado Parte en el Estatuto, al ratificarlo el 7 de junio de 2000.

Como es sabido, el así llamado Estatuto de Roma ha entrado en vigor el 1º de julio de 2002, siendo instaurada formalmente en La Haya, Países Bajos, en fecha 11 de marzo de 2003, la Corte Penal Internacional. Asimismo, impera destacar que en la actualidad el número de Estados Partes ya ha alcanzado el hito de los 100 países (al inicio de 2017 un total de 124), los que han pasado a constituirse

[*] Artículo publicado en 2008 en la página web sobre Derecho Penal de la Université de Fribourg. Disponible a enero de 2017 en la dirección http://perso.unifr.ch/derechopenal/documentos/articulos

como tales, reflejándose con ello la gran aceptación del nuevo órgano jurisdiccional internacional.

En este orden de ideas, la entrada en vigor del Estatuto y la puesta en funcionamiento de la CPI, imponen la necesidad de revisar las legislaciones internas en aras de adaptarlas a dicho instrumento jurídico y, sobre todo, teniendo a la vista la posible declaratoria de incapacidad por parte del Estado de someter a la acción de la justicia a los responsables de haber cometido los crímenes internacionales que allí se tipifican. En efecto, como se ha indicado en múltiples oportunidades, y como lo establece el propio Estatuto de Roma, la Corte Penal Internacional es complementaria, por lo que no sustituye en modo alguno a las jurisdicciones domésticas o internas, sobre las que tampoco tiene primacía o preferencia, por lo que lo general debiera ser la persecución, investigación y enjuiciamiento de los crímenes internacionales previstos por parte de los propios tribunales de cada Estado, debiendo advertirse, a su vez, que, al tratarse de los crímenes internacionales más graves (*core crimes*) sin duda los mismos deben ser considerados como conductas sobre las cuales cualquier país puede ejercer su jurisdicción en virtud del reputado principio de jurisdicción universal.

Pues bien, como quiera que la CPI está regida por el indicado principio de complementariedad, se hace necesario advertir que aquella podrá conocer de una situación determinada y ejercer entonces su jurisdicción complementaria si el Estado de que se trate no quiere o no puede hacerlo (artículo 17 del ECPI), y precisamente dentro de las posibilidades por las cuales podría válidamente sostenerse la incapacidad de los tribunales locales (además de la obvia, que estaría representada por el colapso sustancial de los órganos jurisdiccionales), el que no se disponga de instrumentos jurídicos que posibiliten la persecución y el enjuiciamiento de los responsables (carecer de base legal para actuar penalmente contra los presuntos responsables).

En cuanto a esto, hay que apuntar ante todo que los crímenes internacionales en realidad no es que requieran ser tipificados en leyes internas o domésticas para considerarse como tales en cada ordenamiento jurídico[82], siendo autónomos en ese sentido y, por ende, de aplicación directa, por lo que bastaría la ratificación, en este caso del ECPI, a efectos de considerar, también internamente, tipificados tales crímenes, pues, de lo contrario, se llegaría al absurdo de poderse alegar como defensa ante un tribunal nacional que la conducta realizada no está tipificada y, aún más, y lo que es peor, ante la propia CPI se podría promover el mismo alegato, afirmando la imposibilidad de condena porque en el Estado de que se trate esa conducta no está prohibida penalmente, y en

---

[82] En cuanto a esto y lo sucesivo, se retoma lo dicho en RODRÍGUEZ MORALES, Alejandro J. *La Corte Penal Internacional. Complementariedad y competencia.* Págs. 89 y siguientes. Vadell Hermanos Editores. Caracas, Venezuela. 2005.

consecuencia es una conducta permitida (según el adagio, propio de una concepción liberal, conforme al cual "todo lo que no está prohibido, está permitido"), resultado verdaderamente inadmisible; lo que también recuerda el principio de la doble incriminación que rige en materia de extradición, en virtud del cual si la conducta realizada está tipificada solamente en el Estado requirente pero no en el requerido, éste último no concederá la extradición de la persona, todo lo cual permite concluir que exigir adicionalmente la tipificación interna llevaría a la absoluta impunidad de innumerables crímenes.

En este orden de ideas, los crímenes internacionales, según aquí se entiende la cuestión, no necesitan de una tipificación en el ámbito nacional, si no quiere incurrirse en contrasentidos como los recién señalados, y porque, por una parte, las normas que han tipificado estos crímenes se constituyen como verdaderas normas de *ius cogens*, que no pueden ser desconocidas, ni siquiera ante la carencia de reconocimiento por los ordenamientos jurídicos domésticos, pues tienen fuerza de derecho necesario o imperativo. Por otra parte, porque, como afirma GIL GIL, si se aceptara una ineludible exigencia de tipificación interna, entonces el Derecho penal internacional "*no crearía tipos aplicables directamente a los individuos, sino únicamente obligaciones para los Estados de reprimir determinadas conductas*"[83], con lo que se desvirtuaría absolutamente el verdadero sentido de esta disciplina jurídica.

No obstante las consideraciones anteriores, debe señalarse igualmente que el principio de legalidad comprende no sólo la descripción de la conducta a efectos de considerarla delictiva (penalmente prohibida en consecuencia), sino también la determinación de la consecuencia jurídica atribuida a dicha conducta, es decir, la pena que ha de serle impuesta a quien incurra en la misma (obsérvese que se habla sólo de pena, por cuanto el ECPI no establece medidas de seguridad, acogiendo en tal virtud un sistema monista de sanción, es decir, en el que se aplican únicamente penas).

Así, el principio de legalidad contiene diversas garantías, no solamente la denominada "garantía criminal", conforme a la cual la conducta debe encontrarse descrita como delito en una ley penal escrita, estricta, previa y cierta; sino también, y junto a la garantía jurisdiccional y de ejecución, la llamada "garantía penal", como exigencia de acuerdo a la cual debe encontrarse legalmente establecida igualmente la clase de pena y su posible cuantía, es decir, se trata de la prohibición de imponer una pena si ésta no se encuentra determinada en la ley tanto en lo que atañe a su naturaleza como en lo atinente a su duración[84].

---

[83] GIL GIL, Alicia. *Derecho penal internacional. Especial consideración del delito de genocidlo.* Pág. 56. Editorial Tecnos. Madrid, España. 1999.
[84] ROXIN, Claus. *Derecho penal. Parte general. Tomo I. Fundamentos. La estructura del delito.* Pág. 138. Editorial Civitas. Madrid, España. 1997;

En el ECPI ciertamente las penas no se encuentran determinadas, como sería deseable de acuerdo a la garantía penal inherente al principio de legalidad, en primer lugar porque no se establece qué pena ha de imponerse a cada delito, ni cualitativa ni cuantitativamente; y en segundo lugar, porque se incluyó una cláusula general en el artículo 77, conforme a la cual la CPI podrá imponer cualquiera de las penas señaladas en ese artículo, esto es, la reclusión por un número de años no excedente de 30, o la reclusión a perpetuidad; por lo que una persona que cometa alguno, cualquiera, de los crímenes competencia de la CPI, podría ser sancionado con reclusión de un año o perpetua, lo que evidencia la indeterminación que en esta materia presenta el ECPI, y que, según aquí se ha querido postular, impide la aplicación directa de los tipos penales allí contenidos en los ordenamientos nacionales, requiriéndose en consecuencia la tipificación interna de los crímenes para suplir esta falencia inadmisible en el Derecho penal, asignándose a cada crimen una clase de pena y un marco menos amplio (a diferencia del que va de 1 año hasta reclusión perpetua, cual es el establecido en el artículo 77 del ECPI).

En vista de lo anterior, se hace imperativo, pues, el impulso de procesos de implementación del Estatuto de Roma en los diversos

QUINTERO OLIVARES, Gonzalo. *Manual de Derecho penal. Parte general.* Pág. 72. Editorial Aranzadi. Navarra, España. 2000.

Estados Partes, a efectos de dar cumplimiento a las obligaciones inherentes a la ratificación del mismo y para permitir el ejercicio de la jurisdicción de los tribunales internos o domésticos respecto a los crímenes internacionales tipificados y, en tal virtud, no tener que llevar a los responsables ante la CPI y su jurisdicción complementaria.

Y es que, efectivamente, la implementación del ECPI, es la que en definitiva habrá de determinar que internamente, o en otros términos, en el ámbito doméstico, pueda adelantarse la investigación y el enjuiciamiento de los más graves crímenes internacionales (*core crimes*), que en todos los casos es lo preferible o idóneo, lo que tiene que ver con el hecho de que la CPI es, como se indicó *supra*, complementaria de las jurisdicciones nacionales, por lo que de ningún modo las sustituye o reemplaza.

En este sentido, la implementación del ECPI se presenta como imperativa y con ella se hace referencia al proceso mediante el cual los Estados Partes han de "internalizar" o "nacionalizar", por decirlo de alguna forma, sus regulaciones a efectos de poder dar cumplimiento a la obligación que ostentan de perseguir y sancionar a los responsables de haber cometido crímenes internacionales, siendo que, de lo contrario, habrá de activarse la jurisdicción complementaria de la CPI, precisamente para evitar la impunidad de los mismos.

Si se parte de esa premisa entonces se plantea inmediatamente la interrogante acerca de cómo ha de ser una tal implementación. En relación a esto, AMBOS ha puesto de relieve que pueden darse diversas modalidades de implementación, siendo algunas de ellas inaceptables o inconvenientes; así, puede aludirse en primer lugar a la no implementación, lo que no sería opción alguna; en segundo lugar, puede mencionarse la implementación limitada, consistente en introducir normas que protejan la administración de justicia de la CPI (artículo 70.4 del ECPI) así como normas procesales de cooperación con ésta.

En tercer lugar, y considerándose la opción más acertada y adecuada, se encuentra la llamada implementación total o completa, la cual consiste en incorporar la normativa del ECPI al derecho interno, lo que será posible con el empleo de diversos modelos: a) el modelo de referencia (o *reference model*), que puede representar su aplicación directa (África del Sur), la referencia o remisión al Estatuto (Canadá, Nueva Zelanda) o la adopción literal (Bélgica); y, b) el modelo de codificación especial, que consistiría en la implementación modificada en el Código Penal o mediante una Ley especial (Alemania y Ecuador)[85].

---

[85] AMBOS, Kai. *Implementación del Estatuto de Roma en la legislación nacional.* En AMBOS y MALARINO, Kai y Ezequiel (editores). *Persecución penal nacional de crímenes internacionales en América Latina y España.* Pág. 31. Konrad Adenauer Stiftung. Montevideo, Uruguay. 2003.

En Venezuela se ha venido proponiendo la adopción de este último modelo, es decir, la implementación total o completa mediante la modificación del Código Penal a efectos de incorporar los tipos penales del ECPI, asignándoseles en consecuencia una pena determinada. Así, el Proyecto de Código Penal presentado por el Tribunal Supremo de Justicia a la Asamblea Nacional contiene una regulación, si bien no muy acertada y coherente, de lo que denomina "crímenes de lesa humanidad", en los que en realidad subsume, de un modo inaceptable e incorrecto (pues los considera pertenecientes a dicha categoría), al genocidio, el terrorismo, los verdaderos crímenes de lesa humanidad, el narcotráfico, así como los crímenes de guerra.

No es éste el lugar para emprender un análisis detallado de las disposiciones que conforman el Título IV ("Crímenes de Lesa Humanidad") del Libro Segundo del referido Proyecto, bastando decir que la consideración del genocidio y los crímenes de guerra como crímenes de lesa humanidad es inadmisible, ya que es bien sabido que se trata de crímenes internacionales autónomos; por su parte, al incluir en esta categoría de crímenes al terrorismo y el narcotráfico está ciertamente innovando respecto de la regulación del artículo 7 del ECPI, que no incluye tales conductas en el catálogo de actos constitutivos de crímenes de lesa humanidad y que aquí se consideran que no deben agregarse a dicho catálogo.

219

Dejando de lado en consecuencia el Proyecto en cuestión, que no obstante resulta plausible por haber mostrado al menos preocupación en lo atinente a la incorporación de los crímenes internacionales en la legislación venezolana, debe ser observado que la implementación del ECPI a través de una reforma al Código Penal, en verdad, no aparece como la vía más adecuada para lograr dicha finalidad.

En efecto, jurídica y políticamente, resulta más conveniente plantear la implementación del ECPI, es decir, la incorporación de los tipos penales allí contenidos, mediante una legislación especial y separada, como se ha hecho, por ejemplo, en Alemania y como está siendo planteado en Ecuador.

Tal conveniencia deviene, en primer lugar, y desde el punto de vista jurídico, del hecho conocido de que el Derecho penal internacional se ha venido a consolidar en los últimos años como una verdadera disciplina jurídica que ostenta ciertas particularidades que han de ser tomadas en cuenta y que repercuten no sólo en materia de Derecho penal especial (esto es, en lo correspondiente a la tipificación de los crímenes internacionales, su descripción y la asignación de penas determinadas para quienes los cometan), sino que además ello sucede en materia de Derecho penal general (vale decir, en lo que respecta a ciertos principios fundamentales y, sobre todo, en cuanto a la teoría general del delito), por lo que una legislación especial serviría para regular en ambos frentes. Adicionalmente, y también desde lo jurídico, el promulgar una ley especial serviría asimismo a objeto de destacar esa importancia que ha cobrado el Derecho penal internacional.

De otra parte, y ya bajo la óptica de las consideraciones políticas, que ciertamente no han de menospreciarse, resulta igualmente preferible la vía de una ley especial por cuanto a los efectos legislativos es mucho más sencillo, y suele ser más expedito, aprobar una ley especial, que la reforma de un Código Penal, pudiendo conseguirse más fácilmente un consenso en torno a la misma.

En virtud de las consideraciones anteriores es que aquí se considera preferible implementar el ECPI justamente a través de una ley especial cuyo objeto sea única y específicamente regular la cuestión de los crímenes internacionales, legislando tanto aspectos de carácter general como propiamente especial.

II. El Anteproyecto de Ley Orgánica sobre Crímenes Internacionales

Con fundamento en las reflexiones formuladas hasta aquí es que se quiso proceder a la elaboración de un Anteproyecto de Ley

221

Orgánica sobre Crímenes Internacionales (véase como anexo en el Apéndice de este trabajo), en virtud del cual puedan ser incorporados los tipos penales del ECPI, fijándose la clase y duración de las penas aplicables pues, como se dijo antes, el principal problema para la aplicación de aquellos estaría constituido precisamente por la indeterminación del ECPI en cuanto a esto. No obstante, y como puede observarse en el texto del Anteproyecto, se ha pretendido no sólo tipificar los crímenes del ECPI, sino además incluir un título referido a las disposiciones generales en donde se contienen importantes cuestiones propias del Derecho penal internacional que se entendió debían quedar incluidas en la ley.

Además, se han tipificado en el Anteproyecto conductas que no se encuentran previstas en el ECPI, puesto que se ha entendido la necesidad de criminalizarlas y en virtud de que al tratarse de un ley interna es perfectamente posible, legítimo y hasta deseable que se pretendan salvar algunas deficiencias o ausencias del ECPI, puesto que el mismo ciertamente las tiene, y siendo un instrumento jurídico dictado por el Poder Legislativo de un Estado en ejercicio de su soberanía puede perfectamente ampliarse la definición o el catálogo de crímenes que contiene el ECPI en aras de ofrecer una mayor protección a los bienes jurídico-penales universales, que son justamente aquellos de los que debe ocuparse el Derecho penal internacional.

De esta manera el Anteproyecto se encuentre divido en dos Títulos que suman un total de 30 artículos, por lo que, como se nota, no se quiso redactar un instrumento normativo demasiado extenso ni complejo, justamente para evitar los problemas que ello puede suponer en su interpretación y aplicación; así, el Título I hace referencia a las "Disposiciones Generales", mientras que el Título II se ocupa "De los Crímenes Internacionales".

Para la elaboración de esta Anteproyecto se hizo una ardua tarea de investigación, basándose particularmente, además de, como es evidente, en el ECPI y los Elementos de los Crímenes (siendo éstos esenciales para la interpretación y aplicación de los tipos penales contenidos en aquél), también en los aportes de los más reputados autores sobre la materia, la jurisprudencia penal internacional y algunos instrumentos jurídicos de Derecho internacional (tales como los Convenios de Ginebra de 12 de agosto de 1949) y de Derecho interno, nacionales y extranjeros, por ejemplo, el Código Penal Internacional de Alemania (del que, no obstante, se discrepó en diversos puntos)[86], así como el Proyecto Ecuatoriano de Ley sobre Delitos contra la Humanidad (que fuera empleado en menor medida)[87]. Ante todo, se optó por redactar un instrumento legal acorde con el estado de desarrollo actual del Derecho penal internacional, así como que fuese compatible con el

---

[86] Dicho instrumento aparece publicado en www.iuscrim.mpg.de/forsch/legaltext/vstgblspan.pdf
[87] Y que se encuentra en www.iccnow.org/espanol/ecuador/ECU_Impl.pdf

Derecho venezolano y su realidad, por lo que se integra con disposiciones del Código Orgánico Procesal Penal así como del Código Penal vigentes.

Es de relevancia destacar asimismo, antes de comenzar a repasar brevemente los principales aspectos del Anteproyecto, que la denominación seleccionada ("Ley Orgánica de Crímenes Internacionales") ha sido tal por cuanto se quiso dejar expresado con ello que lo que se está tipificando en este instrumento normativo son específicamente crímenes internacionales (frente a lo que serían delitos comunes, o incluso transnacionales), lo que no es baladí, en tanto justamente muchas conductas constitutivas de crímenes de lesa humanidad, genocidio o crímenes de guerra, si se les mira aislada e individualmente, o fuera de contexto, son al mismo tiempo delitos comunes (así, por ejemplo, el dar muerte a otra persona o el perpetrar su desaparición forzada pueden constituir simples delitos comunes o, en cambio, modalidades de crímenes de lesa humanidad). Lo que quiere subrayarse con esto es que las conductas tipificadas en el Anteproyecto son específicamente catalogadas como constitutivas de crímenes internacionales, bien por el contexto en que se cometan o con la intención con la que se perpetren (y es esto lo que les confiere esa particularidad ya que, de lo contrario, debe insistirse, podría tratarse simplemente de delitos comunes de los que habría de ocuparse siempre y únicamente la jurisdicción interna, nunca la CPI).

Por su parte, se ha querido conferirle el carácter de orgánica por cuanto se considera que, al ser una ley penal (que tipifica conductas y les asigna una pena), y de conformidad con el principio de legalidad, la misma debe cumplir con la exigencia de reserva legal reforzada, teniendo que tratarse no de una ley en sentido formal, de naturaleza ordinaria, sino resultando imperativo que tenga además el rango de ley orgánica[88], toda vez que según lo dispone el artículo 203 de la Constitución de la República Bolivariana de Venezuela, deberán tener el carácter de orgánicas todas aquellas leyes que desarrollen los derechos constitucionales, teniendo que concluirse que ciertamente las leyes penales desarrollan tales derechos, específicamente, y con un valor fundamental, la libertad personal, por cuanto se amenaza la comisión de delitos precisamente con una pena privativa de libertad (o una multa que igualmente puede convertirse en privación de libertad según las normas pertinentes del Código Penal), de modo tal que resulta imperativo que sea una ley orgánica la que regule esta materia.

Aclarado lo anterior, debe indicarse en primer término que en el Título I ("Disposiciones Generales") se optó por regular estrictamente lo que se consideró necesario y pertinente, por cuanto,

---

[88] Se ha sostenido esto, con citas doctrinales de MUÑOZ CONDE y BERDUGO GÓMEZ DE LA TORRE, en RODRÍGUEZ MORALES, Alejandro J. *Síntesis de Derecho Penal. Parte General.* Pág. 68. Ediciones Paredes. Caracas, Venezuela. 2006.

en definitiva, las normas de la parte general del Código Penal vigente son aplicables igualmente en este ámbito, lo que, para evitar problemas interpretativos, se dejó expreso en un artículo dispuesto específicamente a tales fines (artículo 28).

De este modo, el artículo 1 hace mención del objeto de la ley, que no es más que regular todo lo atinente a los crímenes internacionales que son tipificados en la misma, lo que no merece mayores comentarios.

Entretanto, el artículo 2 consagra expresamente el principio de legalidad, recogido igualmente en el ECPI (artículos 22 y 23), destacándose no obstante, que la tipificación previa puede encontrarse en una ley de Derecho interno, pero también en un tratado o convención internacional, al considerarse que en efecto, los crímenes internacionales ya son tales desde el momento en que son previstos de tal forma en un instrumento internacional, aunque aún no hayan sido incorporados a la legislación interna o doméstica. Cabe agregar que en la disposición se establece este fundamental principio no sólo en cuanto a su garantía criminal (descripción de la conducta) sino también en cuanto a su garantía penal (fijación de la clase y el *quantum* de la pena aplicable), haciéndose alusión igualmente a la prohibición de analogía *in malam partem* (exigencia de ley estricta).

En el artículo 3 se quiso hacer énfasis, aún sin ser estrictamente necesario, en el respeto de los derechos y garantías fundamentales de los individuos perseguidos por la comisión de crímenes internacionales, aquellos que fueren condenados así como las víctimas, subrayando la importancia del debido proceso. Dicho énfasis tiene su razón de ser en el hecho de que cuando se trata de atrocidades como las que suponen los crímenes internacionales tipificados se pudiera estar tentado a reprimir a toda costa (y a todo costo) a los responsables de las mismas, algo que pudiera derivar en arbitrariedades y extralimitaciones en el ejercicio de la potestad punitiva, pudiéndose incluso hablar de una especie de "Derecho penal del enemigo"[89] o de un "terrorismo penal", evidentemente inadmisible.

El artículo 4 hace referencia a la interpretación y aplicación de la ley, algo que no ha de estar en una ley, pues ello es trabajo de la dogmática. Sin embargo, se optó por incluir esta disposición para señalar expresamente como fuentes de interpretación y aplicación de la ley, la jurisprudencia de los tribunales internacionales, que ciertamente es fundamental en materia penal internacional (piénsese tan sólo en los trascendentales aportes de los tribunales para la ex-

---

[89] Sobre esta noción en la discusión actual, consúltese a JAKOBS y CANCIO MELIÁ, Günther y Manuel. *Derecho penal del enemigo*. Editorial Civitas. Madrid, España. 2003; así como, específicamente en el ámbito del Derecho penal internacional, a AMBOS, Kai. *La parte general del Derecho penal internacional. Bases para una elaboración dogmática*. Págs. 56 y siguientes. Fundación Konrad Adenauer / Editorial Temis. Montevideo, Uruguay. 2005.

Yugoslavia y Ruanda), incluyendo por supuesto, a la Corte Penal Internacional, que seguramente dictará importantes e interesantes decisiones, así como también los estatutos de tales tribunales, los tratados y convenciones internacionales sobre la materia y las contribuciones doctrinales sobre la materia. Esto debe destacarse porque, desacertadamente, muchos operadores jurídicos en Venezuela tienen una concepción errada del principio de legalidad y entienden que la jurisprudencia y la doctrina no tienen ningún valor para la interpretación y aplicación de las normas jurídicas, por lo que ello se dejó bien claro en este artículo. A su vez, se incluyó también la mención a la interpretación constitucional la cual es absolutamente vinculante para todos los jueces.

Según se dijo anteriormente, aquí se considera, y así se reflejó en el artículo 5 del Anteproyecto, que los crímenes internacionales tipificados ciertamente deben quedar todos ellos sujetos al principio de jurisdicción universal, pues lo que se persigue es evitar su impunidad, permitiéndose que los tribunales de cualquier Estado puedan ejercer su jurisdicción aún sin tener un nexo jurisdiccional para ello como la territorialidad o la nacionalidad. Esta disposición se inspiró en el parágrafo 1 del Código Penal Internacional alemán, el cual establece que sus normas habrán de regir "incluso cuando el hecho fue cometido en el extranjero y no muestra ninguna relación con el territorio nacional". A su vez, se consagró la garantía de juez natural, en virtud de la cual los presuntos responsables deberán ser juzgados en los tribunales ordinarios de conformidad con las previsiones del Código Orgánico Procesal Penal.

Los artículos 6 y 7 se incluyeron para evitar posibles malentendidos y en especial por la tendencia actual a considerar penalmente responsables a las personas jurídicas, posibilidad que se excluyó expresamente en el ECPI (artículo 25.1). Así, se establece que la responsabilidad por los crímenes tipificados es únicamente individual, que la misma no excluye la eventual responsabilidad estatal por hecho ilícito internacional o violaciones a los Derechos Humanos y que si ésta llegare a ser declarada, tampoco se excluiría por ello la responsabilidad de los individuos que incurrieren en los crímenes previstos en la ley.

Un aspecto que se consideró de fundamental importancia, y que se hacía necesario regular para poner cortapisas a problemas prácticos, fue el de la improcedencia del cargo oficial, que así quedó establecida en el artículo 8 (en concordancia con el artículo 27 del ECPI), en tanto es bien conocido que en muchas ocasiones los crímenes internacionales que se tipifican en la ley son cometidos precisamente por individuos que ocupan cargos oficiales, incluso Jefes de Estado o Ministros de gobierno, por lo que se consagra que tal hecho no es una eximente ni una atenuante de responsabilidad penal, a objeto de evitar que un eventual proceso penal pudiere

229

politizarse y utilizarse el cargo oficial para ganar impunidad o una reducción de la pena aplicable.

En el artículo 9, al igual que se dispone en el artículo 29 del ECPI y en la Convención de las Naciones Unidas de 26 de noviembre de 1968 sobre la imprescriptibilidad de los crímenes de guerra y crímenes de lesa humanidad[90], se establece la imprescriptibilidad de los crímenes internacionales tipificados, en aras de no dejar impunes a sus perpetradores por el mero transcurso del tiempo, lo que iría en perjuicio de la justicia que ha de exigirse ante la comisión de este tipo de atrocidades.

El artículo 10, por razones de técnica legislativa, define el término "Corte Penal Internacional", que se utiliza en diversas oportunidades en el Anteproyecto, a objeto de que quede establecido lo que se entiende por el mismo, lo que no requiere mayor explicación.

Sin duda uno de los aspectos que ha generado mayores dificultades a distintos Estados Partes es el atinente a la prohibición constitucional de extradición de nacionales (en Venezuela, consagrada en el artículo 69 de la Constitución), que, aparentemente, colide con las disposiciones del ECPI conforme a las cuales debe

---

[90] El texto de esta Convención puede leerse en ORIHUELA CALATAYUD, Esperanza. *Derecho Internacional Humanitario*. Tratados internacionales y otros textos. Págs. 376-379. McGraw-Hill. Madrid, España. 1998.

entregarse a la CPI a toda persona que hubiere sido acusada de cometer los crímenes internacionales de su competencia. No obstante, obsérvese que se dice 'aparentemente' por cuanto el propio ECPI distingue en su artículo 102 la "entrega" de la "extradición", refiriéndose la primera únicamente a la entrega de una persona a la CPI, y la segunda a la entrega de una persona por un Estado a otro Estado. Precisamente en el artículo 11 del Anteproyecto se recoge tal distinción y se habla en términos de "entrega" de nacionales, afirmándose la posibilidad de la misma, independientemente de la previsión del citado artículo 69 de la Constitución, que regiría únicamente en los casos de extradición, no así en los de entrega.

Por supuesto que en el Anteproyecto se ha sido cuidadoso en esta materia por lo cual se ha establecido la exigencia de respeto de ciertos derechos y garantías así como principios fundamentales, específicamente la prohibición de ser juzgado dos veces por lo mismo (*non bis in ídem*) y la imposibilidad de conceder la entrega ante la posible imposición a la persona objeto de la misma de una pena excedente de treinta años de reclusión, pues precisamente en Venezuela rige, con rango constitucional, la prohibición de aplicar una pena mayor a dicho término (numeral 3 del artículo 44 de la Constitución de la República Bolivariana de Venezuela). En lo que atañe al aspecto adjetivo para proceder a la entrega de un nacional, o extranjero (pues la norma se hace extensiva a éstos), se optó por establecer como procedimiento aplicable el mismo que resulta procedente en los casos de extradición y que se encuentre regulado en el Código Orgánico Procesal Penal.

Una disposición de importancia en el anteproyecto es la referida a la asistencia y cooperación con la Corte (artículo 12), la cual permitirá que la República Bolivariana de Venezuela cumpla satisfactoriamente con sus obligaciones de asistir y cooperar con la Corte Penal Internacional de conformidad con las previsiones pertinentes del ECPI, estableciéndose que en todos los casos el Ministerio de Relaciones Exteriores, quien recibirá las respectivas solicitudes, notificará a las autoridades competentes así como al fiscal General de la República, garantizándose así el efectivo cumplimiento de esta fundamental obligación que corresponde a todo Estado Parte en el ECPI y permitiendo el normal desarrollo de su función jurisdiccional.

Ante las potenciales arbitrariedades, que la experiencia ha evidenciado en materia de juzgamiento y castigo de crímenes internacionales, en el Anteproyecto se ha querido ser lo más garantistas posibles, al igual que sin duda lo ha sido el ECPI, y por tal motivo se ha establecido en el artículo 13 que sólo podrá ser consideradas como crímenes internacionales según la ley las conductas que sean típicas, antijurídicas y culpables conforme a las normas aplicables. Con esto, por una parte, se destaca el carácter penal de las normas que regulan esta materia, tanto en el

Anteproyecto como en el ECPI, y por la otra, se consagra implícitamente una serie de causas excluyentes de responsabilidad penal, que son las encontradas en la legislación interna e internacional vigente, y que precisamente son la faz negativa de los caracteres mencionados (tipicidad, antijuricidad y culpabilidad).

Se hacía preciso asimismo reiterar la norma del artículo 30 del ECPI, referida al elemento de intencionalidad o *mens rea*, estableciéndose en el artículo 14 del Anteproyecto que, excepto en lo que se refiere a la responsabilidad de los superiores, la tipicidad subjetiva de los crímenes internacionales tipificados habrá de ser en todo caso de naturaleza dolosa, añadiéndose, y esto se ha tomado directamente de los Elementos de los Crímenes, que la intención y conocimiento (que conforman en dolo requerido) podrán inferirse de los hechos y las circunstancias del caso concreto. Esto se agregó en el artículo citado por cuanto se entiende que ello, además de encontrarse en los Elementos de los Crímenes, ha sido afirmado en reiteradas oportunidades por la jurisprudencia penal internacional, como ha sido el caso del Tribunal Penal Internacional para Ruanda, que ha optado por inferir la intención genocida partiendo de los hechos y el contexto en que éstos se producen, según se observa, por ejemplo, en la importante sentencia recaída en el caso *Prosecutor vs. Akayesu*, de fecha 2 de septiembre de 1998, en la que se expresa entre otras cosas que la intención es un factor mental que resulta difícil, o hasta imposible, de determinar, por lo que ante la ausencia de una confesión por parte del acusado, su intención puede ser inferida de un cierto número de presunciones de hecho, añadiendo que es posible deducir dicha intención genocida desde el contexto general de perpetración de los hechos (párrafo 523 de la sentencia). Este criterio ha sido reiterado en la sentencias *Prosecutor vs. Musema*, de fecha 27 de enero de 2000 (párrafo 166 de la sentencia), y *Prosecutor vs. Bagilishema*, de fecha 7 de junio de 2001 (párrafo 62 de la sentencia).

En definitiva, como se ha indicado en otra oportunidad, *"el elemento intencional (o mental element) no puede verificarse sin la ayuda de lo perceptible, es decir, de lo externo ya que lo interno, que es precisamente la intención y conocimiento que haya tenido el agente, no es visible, por lo que evidentemente ha de colegirse de los hechos y las circunstancias del acto, que en definitiva son los indicadores que habrán de utilizarse para dar respuesta a la pregunta acerca de la intencionalidad con que ha actuado la persona. Para conocer lo interior hace falta el referente exterior que da luces sobre aquél, y es ese el sentido de esta previsión"*[91].

Dicho esto, debe pasarse a anotar que, si bien en el Código Penal venezolano, que resulta aplicable en lo no regulado en el Anteproyecto, habla en su artículo 83 de perpetradores, no menciona

---

[91] RODRÍGUEZ MORALES, Alejandro J. *La Corte Penal Internacional. Complementariedad y competencia.* Op. cit., pág. 180.

en ningún caso la importante figura de la autoría mediata y de la coautoría, por lo que se quiso incluir una disposición explícita en la que se estableciera que, además de los autores directos, también son responsables los autores mediatos, los coautores así como los partícipes. Esto es de fundamental importancia, especialmente en lo que respecta a la autoría mediata, ya que es ésta una forma de responsabilidad frecuente en la comisión de crímenes internacionales, especialmente en virtud de la adopción por parte de la doctrina y jurisprudencia dominante de la teoría del dominio del hecho, conforme a la cual ha de considerarse autor mediato, y no mero partícipe, a quien ostente el dominio del hecho por tener el dominio de la voluntad en virtud de un aparato organizado de poder[92].

Directamente enlazado con lo anterior, el artículo 16 del Anteproyecto se refiere a la responsabilidad de los superiores, especificando que, ya sean militares o civiles, los mismos pueden ser responsabilizados penalmente, independientemente de que se encuentren responsables también a sus inferiores o subordinado (lo que es imperativo para fundamentar la autoría mediata por dominio de la voluntad en virtud de aparatos organizados de poder,

---

[92] Sobre esta noción, que fuera utilizada en el juicio contra *Eichmann* en Israel, así como en la decisión contra los *Comandantes de las Juntas Militares* en Argentina, cfr. ROXIN, Claus. *Autoría y dominio del hecho en Derecho penal*. Editorial Marcial Pons. Madrid, España. 1998. Monográfica y específicamente, AMBOS, Kai. *Dominio del hecho por dominio de voluntad en virtud de aparatos organizados de poder*. Universidad Externado de Colombia. Santa Fe de Bogotá, Colombia. 1998.

hablándose de la figura del "autor tras el autor"), a objeto de que no puedan excusar alegando que no realizaron de propia mano y directamente los crímenes por lo que pretende juzgárseles a título de autoría. A su vez, se indica explícitamente que los jefes y otros superiores deben cumplir con un deber de supervisión y control, algo tomado del propio ECPI por argumentación a contrario (artículo 28), así como de la Convención (IV) de La Haya de 1907 (artículo 1 del Reglamento), pudiendo hacérsele responsables en los términos del Anteproyecto incluso por su negligencia en el cumplimiento de dicho deber.

Es importante acotar asimismo que esta disposición discrepa del parágrafo 4 del Código Penal Internacional alemán, el cual se revisó al momento de redactar la misma. Y es que, en efecto, según la normativa alemana "un jefe militar o un superior civil que omita impedir a sus inferiores cometer un hecho descrito en esta Ley será castigado como autor del hecho cometido por el inferior". Como se constata de la lectura de dicho artículo, se consagra una especie de "responsabilidad indirecta por las conductas delictivas de otros"[93], algo en realidad inaceptable en materia penal, pues, como es sabido, en ésta la responsabilidad es exclusivamente individual o personal y tan es así que la pena no puede trascender de la persona condenada

---

[93] Incluso lo entiende así el propio AMBOS, Kai. *La responsabilidad del superior en el derecho penal internacional*. En AMBOS, Kai (Coordinador). *La nueva justicia penal supranacional. Desarrollos post-Roma*. Pág. 159. Editorial Tirant Lo Blanch. Valencia, España. 2002.

(artículo 25.1 del ECPI; numeral 3 del artículo 44 de la Constitución de la República Bolivariana de Venezuela); de modo tal que una "responsabilidad indirecta" como la establecida en el Código Penal Internacional alemán quedó excluida expresamente en el Anteproyecto, sobre lo que se volverá al comentar su artículo 26.

También en la misma dirección e igualmente en vinculación directa con la responsabilidad de los superiores, se establece en el artículo 17 del Anteproyecto, último del Título I sobre "Disposiciones Generales", que obedecer órdenes superiores no tiene validez alguna a efectos de excluir de responsabilidad penal a quien cometa un crimen internacional tipificado estando en el cumplimiento de éstas, alegato que frecuentemente han pretendido hacer valer los acusados de incurrir en estas conductas. En tal virtud, luego de negar virtualidad excluyente de responsabilidad penal a la obediencia hacia las órdenes superiores, se dispone que la única posibilidad de declarar la inculpabilidad del agente se refiere a que se incurra en un error de prohibición inevitable o se cumpla la orden bajo coacción (*duress*), siempre que la amenaza constitutiva de ésta lo sea sobre la vida o integridad física del coaccionado, pues sólo tal constreñimiento puede tenerse como valedero ante la comisión de atrocidades como las que implican los crímenes internacionales tipificados.

El Título II del Anteproyecto ("De los Crímenes Internacionales"), comienza con la tipificación del crimen de crímenes, el genocidio, cuya definición, al mismo tiempo, resulta la menos complicada de entre los crímenes internacionales que se tipifican. De esta forma, el artículo 18 del Anteproyecto sigue, prácticamente sin variación alguna, lo dispuesto por los artículos 6 del ECPI y 6 de los Elementos de los Crímenes, que en definitiva tienen como antecedente la definición de genocidio contenida en la Convención de Nueva York de 9 de diciembre de 1948, para la Prevención y Sanción del Crimen de Genocidio.

Así, conforme al artículo 18 del Anteproyecto incurrirá en genocidio quien realice los actos indicados en los numerales 1 a 5 con la intención de destruir total o parcialmente a un grupo étnico, nacional, racial o religioso. No se quiso incluir otro grupo distinto a los enunciados, tales como los grupos políticos, culturales o sociales, por cuanto se consideró, al igual que en las discusiones previas a la adopción del ECPI, que sólo dichos grupos cumplen con las condiciones de homogeneidad y estabilidad que permiten establecer el ataque genocida en su contra, lo que no sucede con respecto a otros grupos (particularmente, los políticos, que sin embargo si se los incluyó en el Proyecto ecuatoriano). Adicionalmente, se tuvo en cuenta para excluir a otros grupos, que lo importante en el crimen de genocidio es justamente la especificación del grupo humano cuya destrucción, total o parcial, se pretende, y no el móvil con el cual se comete, lo que de hecho le distingue de los denominados delitos xenófobos[94].

En lo que respecta a los actos que pueden ser considerados genocidas, el listado es el mismo que aparece en el artículo 6 del ECPI, la única variación que se quiso incluir expresamente se refiere a la mención explícita del aborto provocado y la esterilización forzada como paradigmas de las medidas destinadas a impedir nacimientos en el seno del grupo (numeral 4), como quiera que la triste experiencia histórica ha demostrado que tales han sido prácticas recurrentes en situaciones de genocidio, específicamente de "genocidio biológico", pues lo que con ello se pretende es evitar con un programa que no es a corto plazo o inmediato, la paulatina "desaparición" o "extinción" del grupo.

La pena aplicable a quienes incurran en el crimen de genocidio se fijó en el límite de veinticinco a treinta años de prisión, siendo que, como se indicó en su momento, la pena máxima aplicable en el país es precisamente la de treinta años. Adicionalmente, y en cuanto a la propia penalidad de este crimen, se incluyó un parágrafo único en el que se consagra la posibilidad de

---

[94] RODRÍGUEZ MORALES, Alejandro J. *La Corte Penal Internacional. Complementariedad y competencia*. Op. cit., pág. 134. Incluso, en el proyecto ecuatoriano, el genocidio pierde esa frontera con los delitos xenófobos, en tanto se habla de que la destrucción del grupo perseguida lo ha de ser por su condición (además de nacional, étnica, racial y religiosa), política, de género, de orientación sexual, de edad, de salud o de conciencia.

imponer una pena de entre seis a trece años de prisión cuando se incurra en las conductas previstas en los numerales 2 a 5 (es decir, en todas menos en la de dar muerte a uno o más miembros del grupo) de forma leve o atenuada, estableciéndose como un criterio para determinar ello la circunstancia de haber realizado en contra de un solo individuo (por ejemplo, alguien que haya lesionado durante todo el conflicto a una sola víctima del grupo objeto del genocidio).

Los crímenes de lesa humanidad aparecen tipificados en el artículo 19 del Anteproyecto, en el cual se ha seguido en líneas generales la definición actual de estos crímenes, resumida en el artículo 7 del ECPI, consagrándose que se consideraran como tales las conductas enumeradas (de forma taxativa, y no enunciativa como se hace en el ECPI) siempre que sean cometidas en el marco de un ataque generalizado o sistemático contra una población civil y con conocimiento de dicho ataque. En la disposición no se entra a definir lo que se entiende por sistemático o generalizado ni por ataque contra una población civil, por cuanto ello es algo de lo que se ha ocupado y debe ocuparse la jurisprudencia y la dogmática de Derecho penal internacional, por lo que al momento de decidir el operador de justicia evidentemente es quien debe dar contenido conforme a aquéllas a tales conceptos.

Dentro de las conductas constitutivas de crímenes de lesa humanidad, y distanciándose diametralmente del citado Proyecto de

Código Penal del Tribunal Supremo de Justicia, no se incluyeron ni los actos de terrorismo así como tampoco el tráfico ilícito de sustancias estupefaciente y psicotrópicas; esto por cuanto, aunque debe advertirse que tales crímenes transnacionales (como aquí se les considera) han estado en el debate sobre crímenes de lesa humanidad (tanto así que la proyección de una tribunal penal internacional se retoma en 1989 a solicitud de Trinidad y Tobago justamente para hacer frente a la problemática del narcotráfico), se entendió que debían quedar excluidos del catálogo de crímenes de lesa humanidad en tanto se trata de conductas delictivas que no alcanzan a ser claramente constitutivas de dichos crímenes y que por tal razón tampoco se incluyeron en el ECPI, particularmente porque incluso, respecto al narcotráfico, se ha puesto en tela de juicio hasta qué punto el mismo ha de ser sancionado y por qué (planteándose de hecho la cuestión dogmática de considerar excluida la imputación objetiva en virtud de la denominada imputación a la víctima, conforme a la cual es ésta, al consumir la droga, y en caso de sobredosis y muerte, quien ha causado su propia fatalidad, no así quien se la ha proporcionado[95]), con lo que se pone en evidencia lo turbio que resultaría el calificar estas conductas como verdaderos crímenes de lesa humanidad.

---

[95] Sobre esto, RODRÍGUEZ MORALES, Alejandro J. *El tipo objetivo y su imputación jurídico-penal*. Págs. 115 y siguientes. Vadell Hermanos Editores. Caracas, Venezuela. 2005.

Asimismo, y distanciándose del ECPI, se excluyó en el Anteproyecto la mención de "otros actos inhumanos", modalidad de los crímenes de lesa humanidad ciertamente genérica o amplia (si bien se ha restringido de diversas formas en la jurisprudencia penal internacional), para dar cumplimiento al mandato de certeza que supone el principio de legalidad penal (*nullum crimen, nulla poena sine lege certa*), lo que tiene por sentido ofrecer certidumbre a los ciudadanos acerca de cuál es la conducta concreta que está siendo conminada con una pena así como para, en tal virtud, no sorprenderles con una castigo cuyo fundamento sea cualquier conducta, al tratarse de una descripción difusa o abierta de la misma. En esto, entonces, se siguió al Código Penal Internacional alemán que hizo lo propio, incluyendo en su reemplazo las lesiones graves a la integridad física o mental y la privación grave de la libertad física, comportamientos estos que sí son claramente descriptibles.

Las penas correspondientes se fijaron en un parágrafo primero, donde se asignaron diversas cuantías según la conducta de que se trate, en el entendido de que, efectivamente, se hace necesario distinguir cada caso siendo inaceptable aplicar la misma pena, por ejemplo, a quien ha matado que a quien solo ha lesionado o a quien a deportado a una persona o la ha privado de su libertad. Así, atendiéndose a la gravedad de cada modalidad de crímenes de lesa humanidad se establecieron penas que van desde los ocho a los treinta años de prisión; además, como en el artículo 18, se incluyó un parágrafo en el que se consagra la posibilidad de imponer una pena menor en caso de conductas menos graves, pero limitando ello a las lesiones y a la privación de libertad física, en vista de la inherente gravedad de las restante conductas, tomada en cuenta en la propia pena establecida para cada caso.

Los artículos 20 y 21 tipifican igualmente crímenes de lesa humanidad, sólo que se prefirió tratarlos separadamente por razones que a continuación se indican. En efecto, el artículo 20 representa lo que en materia penal se denomina un tipo agravado (y por ende, subordinado), ya que se sanciona a los crímenes sexuales a que se refiere el numeral 6 del artículo 19 con una pena mayor (de diecisiete a veintidós años de prisión), cuando fueren cometidos en perjuicio de un niño, niña o adolescente; recogiéndose además las categorías de la Ley Orgánica para la Protección del Niño y el Adolescente (LOPNA), en vez de hablarse en términos de "menores de 18 años", como quedó proscrito con la entrada en vigencia de dicha ley.

Por su parte, el artículo 21 tipifica expresa y también separadamente por su importancia y particularidades, el denominado crimen de *apartheid*, castigando con pena de quince a veinticinco años de prisión a quienes realicen las conductas previstas en el artículo 19 con la intención de mantener o instaurar un régimen institucionalizado de opresión y dominación sistemáticas de un grupo étnico o racial sobre otro, siguiéndose la definición que de este crimen hace el ECPI en el literal h del artículo 7.2, así como el Código Penal Internacional alemán, si bien cabe observar que se incluyó a los grupos étnicos, pues se entendió que no había motivos para pensar en un régimen de *apartheid* sólo contra grupos raciales.

El artículo 22 es una disposición especial en la que se reguló autónomamente, especialmente por la importancia que tiene, la instigación al genocidio (contenida en el literal e del artículo 25.3 del ECPI) pero además también a los crímenes de lesa humanidad, por lo que se extendió a éstos últimos. Dicha extensión o ampliación de la instigación a los crímenes de lesa humanidad tiene su razón de ser en que la realidad de los países de la región muestra que nos es más cercana la posibilidad de que se perpetren, y se instiguen, precisamente crímenes de lesa humanidad, no así el genocidio (aparentemente menos probable en nuestras comunidades), por lo que la preocupación de sancionar conductas que instiguen a la comisión de tales crímenes se hacía ineludible.

La regulación de los crímenes de guerra en el Anteproyecto es muy particular e interesante, ya que, las regulaciones existentes de los mismos, sobre todo la del artículo 8 del ECPI, resultaba ciertamente farragosa y extensa, llegándose a repetir sin necesidad conductas consideradas crímenes de guerra en caso de conflicto armado internacional y también en caso de conflicto armado interno, lo que precisamente explica la longitud de dicho artículo. Es teniendo esto presente, que en el artículo 23 del Anteproyecto se dio un tratamiento unificado a todos aquellos comportamientos que podrían calificarse como crímenes de guerra tanto en el marco de un conflicto armado internacional como en uno sin tal carácter, no limitándose esta disposición a tomar las que aparecían repetidas en tal virtud en el ECPI, sino incluyendo otros comportamientos que, para el caso de conflicto armado de índole no internacional, quedaron lamentablemente excluidos en el citado artículo 8, a pesar de la gran trascendencia y gravedad de los mismos y de su evidente posibilidad de comisión en esta clase de conflictos armados[96], que, valga también indicarlo, ha tenido en las últimas décadas mayor frecuencia que los conflictos de carácter internacional, por lo que urgía una ampliación del catálogo de conductas criminales en este tipo de casos, la que se hizo tomando en cuenta los principales instrumentos del Derecho de los conflictos armados y el Derecho internacional humanitario, particularmente los Convenios de Ginebra de 12 de agosto de 1949, así como algunos instrumentos perteneciente a los que se conoce como el Derecho de La Haya, regular de la elección de los medios y métodos de hacer la guerra, así como de la conducción de las hostilidades[97].

---

[96] Críticas ante la ausencia de supuestos relevantes en caso de conflicto armado interno, LIROLA DELGADO y MARTÍN MARTÍNEZ, Isabel y Magdalena M. *La Corte Penal Internacional. Justicia versus Impunidad.* Pág. 129. Editorial Ariel. Barcelona, España. 2001.
[97] Acerca de la distinción entre el Derecho de Ginebra y el Derecho de La Haya, HERNÁNDEZ HOYOS, Diana. *Derecho internacional humanitario.* Pág. 71.

Otra innovación importante en materia de crímenes de guerra es la inclusión de emplear armas nucleares, químicas, bacteriológicas o biológicas, así como minas antipersonal y armas láser cegadoras (numeral 21), al comprenderse la impostergable necesidad de prohibir el uso de este tipo de armas en conflictos tanto internacionales como internos, por los efectos indiscriminados y devastadores que les son inherentes, siendo, a su vez, que el estado actual de desarrollo del Derecho internacional también lo ha venido a entender de esa manera[98], por lo que ello debía hacerse tanto por razones fácticas como jurídicas, advirtiéndose, también, la inminencia del uso de este tipo de armas, hablándose en consecuencia de "bioterrorismo" en los momentos actuales[99].

Ediciones Jurídicas Gustavo Ibáñez. Santa Fe de Bogotá, Colombia. 2000.

[98] Convención de 13 de enero de 1993 sobre la Prohibición del Desarrollo, la Producción, el Almacenamiento y el Empleo de Armas Químicas y sobre su Destrucción; Convención de 18 de septiembre de 1997 sobre la Prohibición del Empleo, Almacenamiento, Producción y Transferencia de Minas Antipersonal y sobre su Destrucción; Convención de 10 de abril de 1972 sobre la Prohibición del Desarrollo, Producción y Almacenamiento de Armas Bacteriológicas (Biológicas) y Toxínicas y sobre su Destrucción; Convención de 10 de octubre de 1980 sobre Prohibiciones o Restricciones del empleo de ciertas armas convencionales que pueden considerarse excesivamente nocivas o de efectos indiscriminados (particularmente, su Protocolo IV sobre Armas Láser Cegadoras).

[99] Al respecto, FRANCO-PAREDES, Carlos, RODRÍGUEZ-MORALES y SANTOS-PRECIADO, Alfonso y José Ignacio. *Agentes del Bioterrorismo: preparándose para lo impensable*. En *Revista de Investigación Clínica*. Vol. 57. No. 5. Págs. 695 y siguientes. Instituto Nacional de Ciencias Médicas y Nutrición Salvador Zubirán. Ciudad de México, México. 2005.

Del mismo modo, y también teniendo presente los avances sobre la materia, se tipificó como crimen de guerra el ataque o represalias a los bienes culturales protegidos, lo que se hizo además en virtud de los lamentables y diversos ejemplos de ataques de esa naturaleza, como los ocurrido en Iraq, Siria y Mali, donde que se destruyeron injustificada y lamentablemente bienes culturales de trascendental relevancia que ciertamente constituían incluso patrimonio cultural e histórico de la humanidad, algo obviamente intolerable. Adicionalmente, tales conductas se tipificaron para poner a tono la normativa con los tratados y convenios internacionales sobre la materia[100], que contemplan esta tipo de conductas como infracciones al Derecho internacional. Ello, a su vez, por cuanto la Constitución de la República Bolivariana considera al patrimonio cultural como un verdadero bien jurídico digno de protección, por lo cual dispone en su artículo 99 que "el Estado garantizará la protección y preservación, enriquecimiento, conservación y restauración del patrimonio cultural, tangible e intangible, y la memoria histórica de la Nación. Los bienes que constituyen el patrimonio cultural de la Nación son inalienables, imprescriptibles e inembargables. La ley establecerá las penas y sanciones para los daños causados a estos bienes", por lo que debía

---

[100] Convenio sobre la Protección de las Instituciones Artísticas y Científicas y de los Monumentos Históricos (Pacto Roerich); Convención de 14 de mayo de 1954 para la Protección de los Bienes Culturales en caso de Conflicto Armado, con su Reglamento y Protocolo de 1954; así como su Segundo Protocolo de marzo de 1999

incluso respetarse este mandato constitucional al momento de regular los crímenes de guerra.

Posteriormente, en el artículo 24, el Anteproyecto se encarga de tipificar una serie de conductas que habrán de considerarse crímenes de guerra, pero esta vez en el marco específico de un conflicto armado internacional y que tienen su origen en los Convenios de ginebra así como en el artículo 8 del ECPI, asignándoseles las penas correspondientes.

Una novedad que igualmente ha de destacarse en el texto del Anteproyecto en materia de crímenes de guerra es que se tipificaron, separadamente para destacar justamente su importancia, en el artículo 25, los crímenes de guerra contra el medio ambiente, regulación que encuentra sentido en la necesidad inaplazable de hacer frente a la realidad del uso del medio ambiente muchas veces como medio o método para hacer la guerra, e incluso como objetivo en sí mismo para causar estragos en el enemigo, ocasionándose en verdad daños sustanciales al mismo que afectan, en definitiva, a toda la humanidad en tanto se trata del entorno en que éste subsiste[101]. Es

---

[101] Subrayando el carácter violatorio del Derecho internacional de los daños al medio ambiente en caso de conflicto armado, véase el esclarecedor estudio de DRNAS DE CLÉMENT, Zlata. *El daño deliberado y sustancial al medio ambiente, como objetivo, medio o método de guerra constituye violación de norma imperativa de Derecho Internacional General.* En VALLADARES, Gabriel Pablo (Compilador). *Derecho Internacional Humanitario y Temas de Áreas Vinculadas.* Editorial Lexis-Nexis. Buenos Aires, Argentina. 2003.

por ello que se tipificaron estas conductas lesivas del medio ambiente asignándoseles una pena de diez a quince años de prisión y, cuando ello resultare procedente, también con multa concurrente de cien a seiscientas unidades tributarias, con el objeto de resarcir económicamente los daños ocasionados, siendo éste el único crimen al que se le impone este tipo de sanción penal.

La tipificación de los crímenes de guerra contra el medio ambiente, además, resultaba imperativa en aras de respetar el Derecho internacional positivo vigente, en el que se cuenta con la importante Convención de 10 de diciembre de 1976 sobre la Prohibición de utilizar técnicas de modificación ambiental con fines militares u otros fines hostiles, en que precisamente los Estados Parte se comprometen a no utilizar tales técnicas con los fines indicados que tengan efectos vastos, duraderos o graves, como medios para producir destrucciones, daños o perjuicios a otro Estado Parte (artículo 1).

La responsabilidad de los superiores es uno de los aspectos, como se ha resaltado ya, de mayor importancia en materia de crímenes internacionales, por lo cual se tipificó en el artículo 26 del Anteproyecto el crimen de infracción del deber de los superiores civiles y militares, en conexión directa, entonces, con lo dispuesto en el artículo 16, dejándose claro en todo momento que sólo es admisible declarar su responsabilidad directa por la omisión, dolosa o negligente, del cumplimiento del deber impuesto a los mismos de supervisión y control de sus inferiores o subordinados, cometiendo éstos los crímenes internacionales tipificados.

En efecto, como se mencionara *ut supra*, la responsabilidad de los superiores se desprende de un comportamiento omisivo, como lo es la falta de control adecuado sobre las fuerzas o personas subordinadas; al ser una responsabilidad por omisión, entonces, es necesario advertir que, a diferencia de la responsabilidad por acción o comisión en que también pudiera incurrir el superior en otros supuestos, no se trata ya de un caso de autoría mediata, como quiera que en las omisiones no es posible esta forma de autoría, al no existir el impulso que mueve al instrumento a cometer el crimen que se ha proyectado el hombre de atrás[102], por lo que lo que realmente se verifica es la autoría directa por la específica omisión castigada por el tipo penal, considerándose ciertamente inadmisible la idea de una responsabilidad indirecta de los superiores (como lo entendió, en cambio, el Código Penal Internacional alemán).

La responsabilidad directa de los superiores, de este modo, se verifica en virtud del incumplimiento del deber de mando o autoridad en lo que respecta al control adecuado de las fuerzas o personas subordinadas, por lo que en verdad se trata de una omisión

---

[102] A este respecto puede consultarse a ROXIN, Claus. *Autoría y dominio del hecho en Derecho penal*. Op. cit., págs. 509 y siguientes.

propia, al encontrarse tal deber previsto en las normas pertinentes y haciéndose responsable al superior que incumpla con el mismo directamente, nunca "trasladándole" los crímenes cometidos por sus inferiores o subordinados.

Por su parte, en el propio artículo 26 del Anteproyecto se incluye la agravación de la pena aplicable en el caso de que el superior haya infringido su deber de supervisión y control de manera dolosa, debiendo reiterarse que el tipo principal hace referencia a una conducta culposa (negligente), lo cual constituye la única excepción a la exigencia de dolo que se establece de manera expresa en el artículo 14 del propio Anteproyecto. Esta especial agravación tiene sentido y era necesaria por cuanto, como de forma expresa se ha manifestado en la doctrina penal, en las omisiones no cabe autoría mediata, en virtud de lo cual no podría considerarse que la infracción dolosa del deber de supervisión y vigilancia de los superiores pueda acarrear su responsabilidad a título de autores mediatos de los mismos, lo que requería, en consecuencia, que se tipificara autónomamente la conducta indicada.

Luego de tipificar este conjunto de crímenes internacionales, que básicamente pertenecen a las categorías de crímenes contenidas en el ECPI (genocidio, crímenes de lesa humanidad y crímenes de guerra), el Anteproyecto se ocupa de una importante cuestión cuya regulación devenía de la necesidad de implementación del Estatuto de Roma, el cual implícitamente, impone a los Estados Parte legislar sobre los delitos contra la administración de justicia para hacerlos extensivos a los actos realizados precisamente en perjuicio de la administración de justicia de la CPI[103].

Así, el artículo 27 cumple con dicho objetivo y, adicionalmente, incluye como innovación frente a los delitos contra la administración contemplados en el ECPI (artículo 70), el delito de prevaricación, en tanto el mismo podría perfectamente ser cometido en algún procedimiento realizado por ante la CPI conllevando la posibilidad de impunidad de de castigos injustos y vindicativos[104], lo cual no justifica su ausencia en el catálogo de tales delitos, dándole coherencia al Anteproyecto, además, con las disposiciones pertinentes del Código Penal venezolano vigente.

Finalmente, los tres últimos artículos del Anteproyecto hacen referencia, por una parte, a la remisión efectuada al Código Penal en todo lo sustantivo que no hubiere sido expresamente regulado, tomándose en cuenta las particularidades de la materia (artículo 28); y por la otra, a la entrada en vigor (artículo 29) así como la derogatoria de todas aquellas disposiciones que colidan con la ley en cuestión (artículo 30).

---

[103] COMISIÓN ANDINA DE JURISTAS. *La Corte Penal Internacional y los países andinos.* Pág. 132. Lima, Perú. 2001.
[104] Como se pusiera de relieve ya en RODRÍGUEZ MORALES, Alejandro J. *La Corte Penal Internacional. Complementariedad y competencia.* Op. cit., pág. 162.

III. Breve conclusión

El Anteproyecto de Ley sobre Crímenes Internacionales no pretende más que ser una modesta propuesta de implementación del Estatuto de la Corte Penal Internacional, pretendiendo ir más allá que éste en determinados aspectos y siempre teniendo como finalidad el permitir que Venezuela, ante la eventual comisión de este tipo de crímenes, pueda ejercer su jurisdicción primaria o preferente sobre los mismos, no teniendo que acudirse directamente, por motivos de incapacidad jurídica, a la jurisdicción complementaria de la CPI para hacer penalmente responsables a quienes los hubieren cometido.

Por supuesto, hay que advertir que el Anteproyecto comentado ha sido elaborado como un esfuerzo personal que sólo puede considerarse como un esbozo de lo que pudiera en un momento dado ser el instrumento jurídico por el cual Venezuela se pusiera a tono con la obligación de implementación que supone el ser un Estado Parte del Estatuto de Roma, de forma tal que se trata de un texto sujeto a posteriores revisiones así como que ha de quedar sometido a la opinión pública y a su discusión por parte de todos los interesados y, en particular, de expertos en el área, a objeto de lograr que esta ley sea lo mejor posible en aras de aprovechar la oportunidad que representa su promulgación, no sólo para incorporar formalmente los tipos penales del ECPI sino también para pronunciarse sobre cuestiones ausentes en éste.

IV. Referencias bibliográficas

- AMBOS, Kai. *Dominio del hecho por dominio de voluntad en virtud de aparatos organizados de poder.* Universidad Externado de Colombia. Santa Fe de Bogotá, Colombia. 1998.

-. *La responsabilidad del superior en el derecho penal internacional.* En AMBOS, Kai (Coordinador). *La nueva justicia penal supranacional. Desarrollos post-Roma.* Editorial Tirant Lo Blanch. Valencia, España. 2002.

-. *Implementación del Estatuto de Roma en la legislación nacional.* En AMBOS y MALARINO, Kai y Ezequiel (editores). *Persecución penal nacional de crímenes internacionales en América Latina y España.* Konrad Adenauer Stiftung. Montevideo, Uruguay. 2003.

-. *La parte general del Derecho penal internacional. Bases para una elaboración dogmática.* Fundación Konrad Adenauer / Editorial Temis. Montevideo, Uruguay. 2005.

- COMISIÓN ANDINA DE JURISTAS. *La Corte Penal Internacional y los países andinos*. Pág. 132. Lima, Perú. 2001.

- DRNAS DE CLÉMENT, Zlata. *El daño deliberado y sustancial al medio ambiente, como objetivo, medio o método de guerra constituye violación de norma imperativa de Derecho Internacional General*. En VALLADARES, Gabriel Pablo (Compilador). *Derecho Internacional Humanitario y Temas de Áreas Vinculadas*. Editorial Lexis-Nexis. Buenos Aires, Argentina. 2003.

- FRANCO-PAREDES, Carlos, RODRÍGUEZ-MORALES y SANTOS-PRECIADO, Alfonso y José Ignacio. *Agentes del Bioterrorismo: preparándose para lo impensable*. En *Revista de Investigación Clínica*. Vol. 57. No. 5. Instituto Nacional de Ciencias Médicas y Nutrición Salvador Zubirán. Ciudad de México, México. 2005.

- GIL GIL, Alicia. *Derecho penal internacional. Especial consideración del delito de genocidio*. Editorial Tecnos. Madrid, España. 1999.

- HERNÁNDEZ HOYOS, Diana. *Derecho internacional humanitario*. Ediciones Jurídicas Gustavo Ibáñez. Santa Fe de Bogotá, Colombia. 2000.

- JAKOBS y CANCIO MELIÁ, Günther y Manuel. *Derecho penal del enemigo*. Editorial Civitas. Madrid, España. 2003.

- LIROLA DELGADO y MARTÍN MARTÍNEZ, Isabel y Magdalena M. *La Corte Penal Internacional. Justicia versus Impunidad*. Editorial Ariel. Barcelona, España. 2001.

- ORIHUELA CALATAYUD, Esperanza. *Derecho Internacional Humanitario*. Tratados internacionales y otros textos. McGraw-Hill. Madrid, España. 1998.

- QUINTERO OLIVARES, Gonzalo. *Manual de Derecho penal. Parte general*. Editorial Aranzadi. Navarra, España. 2000.

- RODRÍGUEZ MORALES, Alejandro J. *La Corte Penal Internacional. Complementariedad y competencia*. Vadell Hermanos Editores. Caracas, Venezuela. 2005.

-. *El tipo objetivo y su imputación jurídico-penal*. Vadell Hermanos Editores. Caracas, Venezuela. 2005.

-. *Síntesis de Derecho Penal. Parte General*. Ediciones Paredes. Caracas, Venezuela. 2006.

- ROXIN, Claus. *Derecho penal. Parte general. Tomo I. Fundamentos. La estructura del delito.* Editorial Civitas. Madrid, España. 1997.

-. *Autoría y dominio del hecho en Derecho penal.* Editorial Marcial Pons. Madrid, España. 1998.

V. Apéndice. Anteproyecto de Ley Orgánica sobre Crímenes Internacionales

ANTEPROYECTO DE

LEY ORGÁNICA SOBRE CRÍMENES INTERNACIONALES

Redactado y presentado por Alejandro J. Rodríguez Morales

TÍTULO I

DISPOSICIONES GENERALES

Artículo 1. OBJETO DE LA LEY. La presente ley tiene por objeto regular los crímenes internacionales que en ella se tipifican, cualquiera que sea su lugar de comisión o la nacionalidad de los responsables y las víctimas.

Artículo 2. PRINCIPIO DE LEGALIDAD. Sólo se considerarán crímenes internacionales las conductas que así hayan sido previamente tipificadas por una ley de Derecho interno o un tratado o convención de Derecho internacional. Asimismo, a los responsables de crímenes internacionales sólo les serán aplicables las penas previamente establecidas mediante leyes o tratados internacionales siempre que éstos cumplan con los criterios de legalidad establecidos en la legislación interna.

La analogía sólo se aplicará en cuanto sea favorable al inculpado.

Artículo 3. RESPETO DE DERECHOS Y GARANTÍAS FUNDAMENTALES. En la persecución, juzgamiento y castigo de los crímenes internacionales tipificados en esta ley se respetarán los derechos y garantías fundamentales de los presuntos responsables, de quienes fueren declarados culpables, así como de las víctimas; en particular, se velará por la salvaguarda del derecho al debido proceso de conformidad con las pautas establecidas en la Constitución de la República Bolivariana de Venezuela.

Artículo 4. INTERPRETACIÓN Y APLICACIÓN DE LA LEY. Al momento de interpretar y aplicar las normas que conforman la presente ley, los jueces podrán tomar en cuenta, sin tener carácter vinculante alguno, los aportes de la jurisprudencia sobre crímenes internacionales de los tribunales penales internacionales y, especialmente, de la Corte Penal Internacional, así como sus Estatutos; los tratados y convenios internacionales que rijan sobre la materia, y las contribuciones doctrinales existentes sobre Derecho penal internacional. La interpretación constitucional es vinculante y a ella deberán someterse todos los jueces de la República.

Artículo 5. PRINCIPIO DE JURISDICCIÓN UNIVERSAL. Los crímenes internacionales tipificados en la presente ley se consideran objeto de persecución, juzgamiento y sanción independientemente de la existencia o no de un vínculo jurisdiccional con los tribunales de la República Bolivariana de Venezuela, a los cuales queda atribuida expresamente la potestad de conocer de los mismos en cualquier caso y en todo tiempo. Los crímenes tipificados en esta ley serán conocidos por la jurisdicción penal ordinaria, debiendo aplicarse el procedimiento previsto en el Código Orgánico Procesal Penal.

Artículo 6. RESPONSABILIDAD INDIVIDUAL. La responsabilidad penal derivada de la comisión de los crímenes internacionales tipificados en la presente ley es de carácter individual. Sólo podrán ser declaradas responsables por crímenes internacionales las personas físicas o naturales.

Artículo 7. RESPONSABILIDAD DEL ESTADO. La tipificación de los crímenes internacionales efectuada en la presente ley así como su persecución y castigo no excluirán la responsabilidad del Estado por hechos internacionalmente ilícitos así como por violaciones a los Derechos Humanos. Asimismo, el hecho de que se haga responsable al Estado bajo cualquier título no excluirá la responsabilidad penal de los individuos que hubieren perpetrado los crímenes previstos en la presente ley.

Artículo 8. IMPROCEDENCIA DEL CARGO OFICIAL. Las disposiciones de esta ley serán aplicables a toda persona sin distinción alguna basada en el cargo oficial, el cual en ningún caso eximirá de responsabilidad a quien haya incurrido en alguno de los crímenes internacionales previstos en la misma, ni constituirá de por sí una circunstancia atenuante o un motivo para conceder una rebaja en la pena que resultare aplicable.

Artículo 9. IMPRESCRIPTIBILIDAD. La acción penal para perseguir los crímenes internacionales descritos en esta ley así como la ejecución de las penas impuestas en virtud de los mismos no prescriben.

Artículo 10. DEFINICIÓN. Cuando en la presente ley se haga referencia a la Corte Penal Internacional se entenderá como tal al órgano jurisdiccional con sede en La Haya, Países Bajos, creado mediante el Estatuto suscrito y ratificado por la República Bolivariana de Venezuela mediante Ley Aprobatoria publicada en

Gaceta Oficial No. 5.507 Extraordinario de fecha 13 de diciembre de 2000.

Artículo 11. ENTREGA DE NACIONALES. En los casos en que la Corte Penal Internacional solicitare a la República Bolivariana de Venezuela la entrega de un nacional por la comisión de un crimen internacional de su competencia, se procederá a la misma siempre que no se estén realizando actos de investigación o enjuiciamiento en su contra por parte de las autoridades nacionales competentes y en tanto se asegure el respeto de los derechos y garantías fundamentales del inculpado.

En ningún caso procederá la entrega de un nacional o un extranjero para que sea procesado por crímenes internacionales en virtud de los cuales ya hubiere sido condenado o absuelto por sentencia definitivamente firme, así como tampoco si se pretendiere imponerle pena de reclusión que exceda de treinta años.

El procedimiento para la entrega de un nacional por la comisión de crímenes internacionales se regirá por las previsiones del Libro Tercero, Título VI, del Código Orgánico Procesal Penal.

La presente disposición será igualmente aplicable en los casos en que la entrega solicitada lo sea respecto de un ciudadano extranjero.

ARTÍCULO 12. ASISTENCIA Y COOPERACIÓN CON LA CORTE PENAL INTERNACIONAL. El Estado venezolano cooperará y cumplirá las solicitudes de asistencia que al efecto tenga a bien realizar la Corte Penal Internacional de conformidad con lo previsto en su Estatuto, las Reglas de Procedimiento y Prueba y las disposiciones aplicables de derecho interno. A tales efectos, al ser recibida la solicitud de asistencia o cooperación, el Ministerio de Relaciones Exteriores notificará en un plazo no mayor de treinta días a la autoridad competente según los casos y al Fiscal General de la República, quien velará por el cumplimiento de la Constitución y las leyes en todo acto de asistencia o cooperación.

Artículo 13. CRÍMENES INTERNACIONALES. Para que una conducta sea calificada como un crimen internacional deberá ser típica, antijurídica y culpable de conformidad con las disposiciones legales que le sean aplicables.

Artículo 14. ELEMENTO DE INTENCIONALIDAD. Salvo lo dispuesto en el artículo 26 de la presente ley, quien cometa un crimen internacional de los aquí tipificados será penalmente responsable únicamente si actúa con intención y conocimiento de los elementos materiales constitutivos del crimen de que se trate. La existencia de la intención y el conocimiento podrán inferirse de los hechos y las circunstancias del caso concreto.

Artículo 15. FORMAS DE RESPONSABILIDAD. Podrán ser declarados penalmente responsables por los crímenes internacionales descritos en esta ley, además de los autores inmediatos o directos, también los autores mediatos o indirectos, los coautores así como los partícipes que hayan intervenido en la perpetración de los crímenes internacionales previstos en la presente ley.

Artículo 16. RESPONSABILIDAD DE LOS SUPERIORES. Los jefes y otros superiores, tanto militares como civiles, podrán ser considerados penalmente responsables en los términos de la presente ley, como autores inmediatos, mediatos o coautores de los crímenes internacionales tipificados, sin que obste para ello el hecho de encontrarse responsables a sus inferiores, subordinados, fuerzas bajo su mando o su autoridad y control. Los jefes y superiores, civiles y militares, están en el deber de supervisar y controlar las actividades de sus inferiores o subordinados a objeto de prevenir o reprimir la comisión de crímenes internacionales por parte de éstos. La infracción de este deber, aún por negligencia del superior, será castigada en los términos previstos en la presente ley.

Artículo 17. ÓRDENES SUPERIORES. Quien cometa alguno de los crímenes internacionales previstos en esta ley siguiendo órdenes superiores no será eximido de responsabilidad penal por ese hecho, a menos que, de forma concurrente:

Estuviere obligado por ley a obedecer órdenes emitidas por el gobierno o superior de que se trate;

No tuviera conocimiento de la antijuricidad de la orden e incurriese en tal virtud en un error de prohibición inevitable;

La orden no fuera manifiesta o evidentemente ilícita.

Según los casos, una persona podrá ser considerada inculpable y excluirse su responsabilidad penal, si al momento de dar cumplimiento a una orden superior hubiere sido coaccionado a ello, siempre que la amenaza constitutiva de dicha coacción sea la muerte o las lesiones corporales graves del coaccionado.

TÍTULO II
DE LOS CRÍMENES INTERNACIONALES

Artículo 18. GENOCIDIO. Será castigado con pena de veinticinco a treinta años de prisión quien, con la intención de destruir total o parcialmente a un grupo étnico, nacional, racial o religioso como tal, incurra en alguna de las conductas siguientes:

Mate a uno o más miembros del grupo;

Lesione gravemente la integridad física o mental de uno o más miembros del grupo;

Someta a uno o más miembros del grupo a condiciones de existencia tales que puedan acarrear la destrucción física total o parcial de dicho grupo;

Imponga medidas destinadas a impedir nacimientos en el seno del grupo, incluyendo el aborto provocado y las esterilizaciones forzadas; o

Traslade por la fuerza a uno o más niños del grupo a otro grupo.

Parágrafo Único: Quienes incurran en las conductas previstas en los numerales 2 a 5 de este artículo en forma menos grave o atenuada, serán sancionados con pena de seis a trece años de prisión. Se considerará como circunstancia de menor gravedad del hecho en tales casos su comisión en perjuicio de un solo individuo.

Artículo 19. CRÍMENES DE LESA HUMANIDAD. Serán castigados con las penas indicadas en el parágrafo primero del presente artículo quienes, en el marco de un ataque generalizado o sistemático contra una población civil, y con conocimiento de dicho ataque, incurran en alguna de las conductas siguiente:

Maten a una o más personas;

Con el objeto de destruir parte de una población, impongan a ésta condiciones de vida capaces de ocasionar su exterminio, tales como la privación de acceso a alimentos o medicinas;

Ejerzan el tráfico de personas, especialmente mujeres y niños, o de algún otro modo sometan a esclavitud a una o más personas;

Deporten o trasladen forzosamente a una o más personas que se encuentren legalmente en el territorio del que se les expulsen en violación de las reglas generales del Derecho internacional;

Torturen a una persona que se encuentre bajo su custodia o de cualquier otro modo bajo su control, causándole dolor o daños físicos o mentales graves que no sean los inherentes a las sanciones permitidas por la legislación vigente;

Perpetren el delito de violación en contra de otra persona, la coaccionen a la prostitución, la priven de su capacidad de reproducción, embaracen forzadamente a una mujer o realicen cualquier acto de violencia sexual de gravedad semejante;

Con móviles políticos, raciales, nacionales, étnicos, religiosos, de género u otros motivos reconocidos universalmente como discriminatorios, priven intencional y gravemente a un grupo determinado de sus derechos fundamentales en contravención del Derecho internacional;

Perpetren la desaparición forzada de una o más personas, aprehendiéndolas, deteniéndolas o secuestrándolas ilegítimamente por orden de agentes del Estado o con su autorización, apoyo o aquiescencia, seguido de la negativa o informar sobre tal privación de libertad o sobre la suerte y paradero de la persona detenida;

Lesionen gravemente la integridad física o mental de una o más personas;

Priven gravemente a una o más personas de su libertad física en contravención de las normas generales del Derecho internacional.

Parágrafo Primero: A quienes incurrieren en las conductas previstas en los numerales 1 y 2 de este artículo se les sancionará con pena de veinte a treinta años de prisión; a quienes incurrieren en las conductas previstas en los numerales 3 a 6 de este artículo se les sancionará con pena de doce a dieciocho años de prisión; a quienes incurrieren en la conducta prevista en el numeral 7 de este artículo se les sancionará con pena de diez a dieciséis años de prisión; a quienes incurrieren en la conducta prevista en el numeral 8 de este artículo se les sancionará con una pena de quince a veinticinco años de prisión; a quienes incurrieren en las conductas previstas en los numerales 9 y 10 de este artículo se les sancionará con pena de ocho a doce años de prisión.

Parágrafo Segundo: Quienes incurran en las conductas previstas en los numerales 9 y 10 de este artículo en forma menos grave o atenuada, serán sancionados con pena de cinco a doce años de prisión. Se considerará como circunstancia de menor gravedad del hecho en tales casos su comisión en perjuicio de un solo individuo.

Artículo 20. CRÍMENES SEXUALES PERPETRADOS CONTRA NIÑOS, NIÑAS Y ADOLESCENTES. El que realice las conductas previstas en el numeral 6 del artículo anterior en perjuicio de un niño, niña o adolescente, será castigado con la pena de diecisiete a veintidós años de prisión.

Artículo 21. CRIMEN DE APARTHEID. Quienes perpetren los crímenes de lesa humanidad previstos en los numerales 1 al 10 del artículo 19 de la presente ley con la intención de mantener o instaurar un régimen institucionalizado de opresión y dominación sistemáticas de un grupo étnico o racial sobre otro serán castigados con pena de quince a veinticinco años de prisión.

Artículo 22. INSTIGACIÓN PÚBLICA Y DIRECTA AL GENOCIDIO Y LOS CRÍMENES DE LESA HUMANIDAD. A quienes instigaren pública y directamente la comisión del crimen de genocidio o de los crímenes de lesa humanidad previstos en los artículos 18 a 21 de la presente ley, se les sancionará con pena de seis a doce años de prisión.

Artículo 23. CRÍMENES DE GUERRA EN CONFLICTOS ARMADOS INTERNACIONALES Y NO INTERNACIONALES. Serán castigados de conformidad con el parágrafo segundo del presente artículo, quienes, en el contexto de un conflicto armado, tanto de carácter internacional como de carácter no internacional, realicen las siguientes conductas, cuando sean cometidas como parte de un plan o política, o como parte de su comisión a gran escala:

Matar intencionalmente a una o más personas protegidas;

Matar o herir a traición a un combatiente enemigo, aunque no haya depuesto las armas o quedado fuera de combate;

Emplear personas como escudos humanos;

Lesionar gravemente la integridad física o mental de una o más personas protegidas;

Torturar o someter a tratos crueles, inhumanos o degradantes, que vulneren o vejen a una o más personas protegidas;

Someter a las personas que estén en poder de otra parte en el conflicto a mutilaciones físicas o a experimentos médicos o científicos de cualquier índole que no estén justificados en virtud de un tratamiento médico, dental u hospitalario de la persona de que se trate ni se lleven a cabo en su interés, y que provoquen la muerte o pongan gravemente en peligro su salud;

Cometer actos de violación, esclavitud sexual, prostitución forzada, embarazo o esterilización forzados así como cualquier otra forma grave de violencia sexual contra una o más personas protegidas, en particular, utilizar niños, niñas u adolescentes como recompensa sexual para quienes participan en las hostilidades;

Dirigir intencionalmente ataques contra la población civil como tal o contra civiles que no participen directamente en las hostilidades;

Dirigir intencionalmente ataques contra edificios dedicados al culto religioso, las artes, las ciencias o la beneficencia, los monumentos, los hospitales y los lugares en que se agrupe a enfermos y heridos, siempre que no sean objetivos militares;

Dirigir intencionalmente ataques contra edificios, material, unidades y vehículos sanitarios y contra el personal habilitado para utilizar los emblemas distintivos de los Convenios de Ginebra de conformidad con el Derecho internacional;

Dirigir intencionalmente ataques contra personal, instalaciones, material, unidades o vehículos participantes en una misión de mantenimiento de la paz o de asistencia humanitaria de conformidad con la Carta de las Naciones Unidas, siempre que tengan derecho a la protección otorgada a civiles u objetos civiles con arreglo al derecho de los conflictos armados;

Reclutar o alistar a niños, niñas u adolescentes en las fuerzas armadas o utilizarlos para participar activamente en las hostilidades;

Declarar que no se dará cuartel;

Tomar rehenes;

Saquear una ciudad o una plaza, incluso cuando es tomada por asalto;

Destruir o confiscar bienes del enemigo, a menos que las necesidades de guerra lo hagan imperativo;

Desconocer o negar ante los órganos jurisdiccionales los derechos y garantías judiciales fundamentales reconocidos por el Derecho internacional e interno para la consecución de un debido proceso;

Trasladar o desplazar a la población civil en virtud del conflicto armado, salvo que así lo exija la seguridad de los civiles de que se trate o por razones militares imperativas;

Atacar o hacer objeto de represalias o de actos de hostilidad a bienes culturales o lugares de culto claramente reconocidos, que constituyen el patrimonio cultural o espiritual de los pueblos y a los que se haya conferido protección en la legislación interna o internacional, salvo que dichos bienes estén situados en las proximidades inmediatas de objetivos militares o fueren empleados en apoyo de las actividades bélicas de la otra parte;

Provocar intencionalmente la inanición de la población civil como método de hacer la guerra, privándola de los objetos indispensables para su supervivencia, incluidos el hecho de obstaculizar intencionalmente los suministros de socorro al lugar donde se encuentre esa porción de la población civil, de conformidad con los Convenios de Ginebra;

Emplear veneno o armas envenenadas; gases asfixiantes, tóxicos o similares o cualquier líquido, material o dispositivos análogo; balas que se abran o aplasten fácilmente en el cuerpo humano, como balas de camisa dura que no recubran totalmente la parte interior o que tengan incisiones; armas nucleares, químicas, bacteriológicas, toxínicas o biológicas, así como minas antipersonal y armas láser cegadoras;

Utilizar armas, proyectiles, materiales y métodos de guerra que, por su propia naturaleza, causen daños superfluos o tengan efectos indiscriminados en violación del Derecho internacional humanitario y los convenios y tratados internacionales sobre la materia.

Parágrafo Primero: Se entenderá por personas protegidas a los efectos de esta ley a todas aquellas que no participen directamente en las hostilidades, incluidos los miembros de las fuerzas armadas que hayan depuesto las armas y los que hayan quedado fuera de combate por enfermedad, lesiones, detención o cualquier otra causa.

Parágrafo Segundo: A quienes incurrieren en las conductas previstas en los numerales 1 a 3 de este artículo se les sancionará con pena de veinte a veintiocho años de prisión; a quienes incurrieren en las conductas previstas en los numerales 2 a 6 de este artículo se les sancionará con pena de ocho a quince años de prisión; a quienes incurrieren en las conductas previstas en el numeral 7 de este artículo se les sancionará con pena de doce a dieciocho años de prisión; a quienes incurrieren en las conductas previstas en los numerales 8 a 19 de este artículo se les sancionará con una pena de diez a veinte años de prisión; a quienes incurrieren en las conductas previstas en el numeral 20 de este artículo se les sancionará con pena de seis a diez años de prisión; a quienes incurrieren en las conductas previstas en los numerales 21 y 22 de este artículo se les sancionará con una pena de catorce a veinte años de prisión.

Parágrafo Tercero: Quienes incurran en las conductas previstas en los numerales 4 a 20 de este artículo en forma leve o atenuada, serán sancionados con pena de cinco a doce años de prisión. Se considerará como circunstancia de menor gravedad del hecho en tales casos su comisión en perjuicio de un solo individuo.

Artículo 24. CRÍMENES DE GUERRA EN CONFLICTOS ARMADOS INTERNACIONALES. Serán castigados de conformidad con el parágrafo primero del presente artículo, quienes, en el contexto específico de un conflicto armado de índole internacional, realicen las siguientes conductas, cuando sean cometidas como parte de un plan o política, o como parte de su comisión a gran escala:

Dirigir intencionalmente ataques contra objetos civiles, es decir, objetos que no son objetivos militares;

Aprovechar la presencia de civiles u otras personas protegidas para que queden inmunes de operaciones militares determinados puntos, zonas o fuerzas militares;

Obligar a un prisionero de guerra, otra persona protegida o a un nacional de la parte enemiga, a participar en operaciones bélicas en contra de ésta, o a prestar servicios en las fuerzas de una parte que le es adversaria;

Demorar injustificadamente la repatriación de prisioneros de guerra o de personas civiles;

Someter a deportación, traslado o confinamiento ilegales;

Utilizar de modo indebido la bandera blanca, la bandera nacional o las insignias militares o el uniforme del enemigo o de las Naciones

Unidas, así como los emblemas distintivos de los Convenios de Ginebra, valiéndose de ello para causar la muerte o lesiones graves.

Parágrafo Primero: A quienes incurrieren en las conductas previstas en los numerales 1 y 2 de este artículo se les sancionará con pena de diez a veinte años de prisión; a quienes incurrieren en las conductas previstas en los numerales 3 a 6 de este artículo se les sancionará con pena de siete a quince años de prisión.

Parágrafo Segundo: Quienes incurran en las conductas previstas en el presente artículo en forma leve o atenuada, serán sancionados con pena de cuatro a diez años de prisión. Se considerará como circunstancia de menor gravedad del hecho en tales casos su comisión en perjuicio de un solo individuo.

Artículo 25. CRÍMENES DE GUERRA CONTRA EL MEDIO AMBIENTE. Quienes deliberadamente, en el marco de un conflicto armado, tanto de carácter internacional como de carácter interno o que no sea de índole internacional, teniendo como contexto la comisión a gran escala o como parte de un plan o política de los crímenes previstos en los artículos 23 y 24 de esta ley, causaren daños graves, masivos y sustanciales al medio ambiente como objetivo, medio o método de hacer la guerra contra la parte enemiga, serán castigados con pena de diez a quince años de prisión y, según los casos, también con multa de cien a seiscientas unidades tributarias.

Artículo 26. INFRACCIÓN DEL DEBER DE LOS SUPERIORES CIVILES Y MILITARES. Los jefes y otros superiores, civiles y militares, que no hubieren ejercido un control apropiado sobre las fuerzas o subordinados bajo su mando o autoridad y control efectivo, teniendo conocimiento de que han incurrido en alguno de los crímenes tipificados en esta Ley, o debiendo haber tenido tal conocimiento en razón de la información a su disposición que hubiesen ignorado deliberadamente, y no hubieren adoptado todas las medidas necesarias y razonables a su alcance para prevenir o reprimir su comisión o, cuando esto no hubiere sido posible, para poner el asunto en conocimiento de las autoridades competentes para su investigación y enjuiciamiento, serán castigados con pena de ocho a doce años de prisión.

A quienes incurrieren en el crimen tipificado en el presente artículo actuando de manera dolosa se les sancionará con la misma pena aumentada de una cuarta parte a la mitad.

Artículo 27. DELITOS CONTRA LA ADMINISTRACIÓN DE JUSTICIA. Serán castigados con las penas indicadas en el parágrafo único del presente artículo quienes, en el marco de una investigación o procedimiento realizado por ante la Corte Penal Internacional, incurran en las siguientes conductas:

El abogado, mandatario, defensor o fiscal, perjudique por colusión con la parte contraria o por cualquier medio fraudulento, los intereses que representa en la investigación o procedimiento, o que en un mismo procedimiento sirva al propio tiempo a partes de intereses opuesto, incurriere en actos de prevaricación;

Dar falso testimonio en el curso de una investigación o un procedimiento, excepto cuando la declaración sea contra sí mismo;

Falsificar pruebas o presentar pruebas a sabiendas de que son falsas; así como destruir pruebas existentes, alterarlas o interferir en su presentación o evacuación;

Obstruir el cumplimiento de sus funciones u ocasionar su indebido cumplimiento a un funcionario de la Corte Penal Internacional, así como intimidarlo, coaccionarlo o corromperlo con los mismos fines;

Corromper a un testigo, obstruir su comparecencia o deposición, o interferir en ellos, o tomar represalias contra un testigo por su declaración;

Tomar represalias contra un funcionario de la Corte Penal Internacional en razón de las funciones que haya desempeñado él u otro funcionario; y

Siendo funcionario de la Corte Penal Internacional y en relación con el ejercicio de sus funciones oficiales, solicitar o aceptar un soborno.

Parágrafo Único: A quienes incurrieren en las conductas previstas en los numerales 1 y 2 de este artículo se les sancionará con pena de uno a tres años de prisión; a quienes incurrieren en la conductas previstas en los numerales 3 a 6 de este artículo se les sancionará con pena de siete meses a dos años de prisión; a quienes incurrieren en la conducta prevista en el numeral 7 de este artículo se les sancionará con pena de dos a cinco años de prisión.

Artículo 28. REMISIÓN. En todo lo no previsto se aplicarán las disposiciones del Código Penal, en cuanto no colidan con esta ley, y con sujeción a la especialidad de la misma.

Artículo 29. ENTRADA EN VIGOR. La presente ley entrará en vigencia desde el mismo momento de su publicación en la Gaceta Oficial de la República Bolivariana de Venezuela.

ARTÍCULO 30. DISPOSICIÓN DEROGATORIA. Se deroga cualquier disposición que colida con la presente ley.

El Estatuto de Roma como mecanismo promotor del Derecho penal internacional en el ámbito de las jurisdicciones locales

I. Introducción

Al momento de escribirse esta breve contribución un total de ciento veinticuatro (124) países de todos los continentes del mundo han ratificado el Estatuto de la Corte Penal Internacional, convirtiéndose así en Estados Parte del mismo y mostrando su respaldo a la idea, intrínseca en este instrumento normativo, de poner fin a la impunidad de los más graves crímenes internacionales, allí descritos o tipificados. Se trata de un número significativo, considerando que en el derecho internacional de los tratados el proceso de firma y ratificación de un instrumento de esta naturaleza no es sencillo ni expedito, por lo cual la cantidad de países que se adhieren a los mismos crece, por lo general, de manera muy lenta. No ha ocurrido así con el también llamado Estatuto de Roma, que en un tiempo bastante breve (fue adoptado el día 17 de julio de 1998 y entró en vigencia el 1° de julio de 2002, apenas transcurridos casi cuatro años), ya cuenta con la referida cantidad de ratificaciones.

Esa numerosa cantidad de ratificaciones evidencia que hay una conciencia sólida (o tal vez sería mejor decir consolidada, para mencionar su sedimentación en el tiempo) a lo interno de la comunidad internacional respecto a la necesidad de definir como comportamientos inadmisibles (tanto así que deben sujetarse a una amenaza punitiva) aquellos que se tipifican en este tratado como crímenes internacionales, concretamente: el crimen de genocidio, los crímenes de lesa humanidad, los crímenes de guerra y el crimen de agresión.

A una persona desprevenida pudiera parecerle que el Estatuto de Roma es insuficiente o que se ha quedado demasiado corto al listar solamente los cuatro crímenes internacionales recién mencionados, sin embargo, y esto es de importancia decirlo en esta breve introducción, hay que destacar que ello es así porque en efecto se trata de los más graves crímenes sobre los cuales pocas dudas existen en lo atinente a su carácter lesivo de bienes jurídicos universales, y de allí que el consenso en torno a su inclusión en un instrumento internacional como éste sea formidable. Pero además de ello, no debe perderse de vista tampoco que el hecho de que sean únicamente cuatro los crímenes recogidos por el Estatuto de Roma es conveniente a los fines del propio funcionamiento de la Corte Penal Internacional (CPI), ya que, al acotarse así su competencia material (*ratione materiae*) se posibilita una mayor capacidad para atender las situaciones y casos que puedan serle presentados a este órgano jurisdiccional, de manera que resulta ilustrativo para entender esto el refrán popular conforme al cual "quien mucho abarca poco aprieta", puesto que si la competencia de la CPI fuese demasiado amplia entonces probablemente no podría ocuparse de todas las situaciones y casos que llegarían hasta sus diferentes Salas (recordándose que la CPI está conformada por tres de ellas, a saber: Sala de Cuestiones Preliminares, Sala de Juicio y Sala de Apelaciones).

Por otra parte, y aquí se anuncia el tema central de esta modesta contribución, es necesario observar que el sistema del Estatuto de Roma no ha sido concebido para desplazar, reemplazar o sustituir a las jurisdicciones penales nacionales o internas, sino que, por el contrario, son estas las llamadas a llevar adelante la acción de la justicia frente a la comisión de esta clase de crímenes, por lo que no debe verse a la CPI como una panacea o solución mágica que por sí misma pondrá fin a la impunidad de tales actos criminales ni, mucho menos, a su perpetración.

Así pues, la CPI, si es vista aisladamente, fuera de contexto, tiene un papel ínfimo en la viabilidad y aplicación práctica de la justicia penal internacional. Esto, se repite, si es que se ve dicho tribunal de manera descontextualizada, algo, como es claro, inadecuado. Es por ello que el objeto principal del presente ensayo es exponer el rol del Estatuto de Roma como promotor del derecho penal internacional en el ámbito de las jurisdicciones locales.

No se trata, es necesario advertirlo, de un tema que sea novedoso o que no haya sido abordado nunca antes por la doctrina. En realidad, se ha hablado de esto en muchas ocasiones y por parte de muchos que han abogado por subrayar ese importante papel o contribución que desempeña el Estatuto de Roma en lo atinente al desarrollo de esa disciplina jurídica que hoy conocemos como derecho penal internacional en los contextos locales o domésticos. Sin embargo, entonces, ha sido tomado como objeto nuclear de este trabajo por cuanto en el mismo se considera que no ha dejado de ser una cuestión central y de actualidad, y de allí que se estime necesario reiterar, insistir, en esta temática.

Esto, por su parte, se hace todavía más imperioso cuando se constata que a 2017, luego de transcurridos casi 20 años de haber sido adoptado en la ciudad de Roma el Estatuto de la Corte Penal Internacional, existen muchos mitos, ideas falsas o erróneas, o simplemente desconocimiento, en cuanto al significado de la CPI, su competencia, su jurisdicción, etc., de modo que, lamentablemente, no resulta extraña leer en las noticias declaraciones sobre este tribunal internacional en que se afirman dichos mitos, ideas falsas o erróneas, o manifestaciones de desconocimiento.

Es en este punto donde debe indicarse que hay que tener cuidado con tales creencias incorrectas toda vez que pueden conducir al establecimiento de corrientes de opinión que podrían resultar negativas o perjudiciales, tanto porque den una especie de esperanza ilusoria a víctimas de una situación determinada (por manifestarse que puede ser algo que la CPI podrá "resolver", cuando en realidad no es así), como porque hagan creer que la CPI es un tribunal que no hace absolutamente nada en pro de la justicia penal internacional (por ende, menoscabando su propia institucionalidad).

Este tipo de "pensamientos" puede conllevar, entonces, a posiciones extremistas, que son la base de grandes males como la intolerancia. Es por ello que en este ensayo se hablará en términos relativos, y no absolutos, puesto que se comprende que no es conveniente quedarse en un extremo de las cosas, cualquiera que este sea (más bien hay que observar lo que hay en cada extremo para tomar lo útil de cada uno, para lo cual puede pensarse en un pequeño chiste que dice: "los optimistas inventaron los aviones; los pesimistas, los paracaídas"; y ambos son necesarios, tanto los aviones como los paracaídas).

II. El derecho internacional y los procesos de integración

Antes de hacer referencia propiamente al objeto de estudio del presente ensayo, se hace preciso establecer lo que corresponde a la noción de derecho internacional y, más allá de ello, a qué son los denominados procesos de integración y cuál es la exigencia que implican los mismos desde la perspectiva de cada uno de los Estados que conforma la comunidad internacional.

En este orden de ideas, entonces, puede decirse que el derecho internacional está conformado por aquellas normas que los países adoptan con la finalidad de generar obligaciones (de donde surge el principio "*pacta sunt servanda*" o "lo pactado obliga") entre ellos y entre sus ciudadanos (sobre lo que se volverá más adelante). Tales normas se incorporan, principalmente aunque no exclusivamente, en tratados y convenios internacionales que deben pasar por un específico proceso de adopción o adhesión por parte de los Estados concernidos de conformidad con lo establecido a este respecto en la Convención de Viena sobre el Derecho de los Tratados. Luego, también debe ser mencionado esto, el tratado o convenio entra en vigor y surte plenos efectos, generando así las obligaciones contenidas en tal instrumento.

Ahora bien, no es suficiente que los países adopten, suscriban o se adhieran a los tratados o convenios internacionales que hayan decidido celebrar con otro país (para el caso de tratados bilaterales, muy utilizados en materia de intercambio comercial) o con una multiplicidad de otros países (para el caso de tratados multilaterales, como sucede, por ejemplo, en materia de Derechos Humanos). Resulta imperativo que, además de crearse o promulgarse tales instrumentos internacionales, los mismos se incorporen o se integren plenamente en el ámbito nacional o doméstico de cada país contratante; eso es lo que se conoce como "proceso de integración".

En efecto, la integración, como ha sido indicado por el Comité Internacional de la Cruz Roja, "*consiste, por una parte, en traducir normas jurídicas en medidas o mecanismos concretos que propicien su cumplimiento y, por otra parte, en adoptar los medios apropiados para hacerlas efectivas*"[105].

De lo que se trata, en consecuencia, es de "domesticar" las normas de los tratados y convenios internacionales de modo tal que puedan ser efectivamente llevadas a la práctica en el ámbito local o nacional, garantizándose así su verdadero cumplimiento. Ello es fundamental pues, de no llevarse a cabo un tal proceso de integración, es posible que las normas internacionales no produzcan el efecto deseado en el contexto específico de cada país que se ha hecho parte del instrumento que contiene las mismas.

Por lo tanto, este proceso de integración abarca una multiplicidad de aspectos sobre los cuales debe trabajar el Estado si quiere dinamizar la adecuada y verdadera aplicación de las normas internacionales, vale decir, el respeto hacia las obligaciones que el propio Estado ha decidido asumir al hacerse parte de un tratado o

---

[105] Comité Internacional de la Cruz Roja. *Integración del Derecho*. Folleto informativo. Ginebra, Suiza. 2008.

convenio internacional, algo que, importante es subrayarlo en el marco de este ensayo, se hace todavía más necesario en materias como los derechos humanos, el derecho internacional humanitario (o derecho de los conflictos armados), y el derecho penal internacional. El Estatuto de Roma, como apenas hace falta decirlo, hace parte de la última de las materias mencionadas.

Cabe advertir, a su vez, que el referido proceso de integración de las normas internacionales en el derecho interno, no se restringe, como erróneamente pudiera pensarse, a legislar sobre la temática abordada en el tratado o convenio de que se trate, algo que solamente hace parte de dicha integración, pero que no es lo único ni necesariamente lo más importante a los fines de garantizar la efectividad o aplicabilidad de las normas internacionales.

Debe enfatizarse, como se ha dicho en otra oportunidad[106], que es necesario superar el mito, fuertemente arraigado, conforme al cual todos y cada uno de los problemas de la humanidad deben ser resueltos a través de una ley, mito que denota una profunda creencia en que las leyes son una especie de panacea o solución mágica para cualquier situación conflictiva.

---

[106] Así en RODRÍGUEZ MORALES, Alejandro J. *Lucha antiterrorista, Derechos Humanos y discurso penal del enemigo.* Pág. 23. Vadell Hermanos Editores. Caracas, Venezuela. 2011.

A ese respecto, es preciso decir que, hablando de manera franca, la ley puede resolver muy pocas cosas, pues en definitiva no es más que un papel sobre el cual se hallan escritos determinados grafismos que denominamos letras y que forman oraciones y textos, y que carecen de vida en sí mismos. En este sentido, entonces, debe quedar claro que no se trata solamente de aprobar leyes para integrar al ámbito doméstico o nacional un cierto tratado o convenio sino que, para que surta verdaderos y plenos efectos, debe irse más allá, darle aplicabilidad mediante un conjunto de mecanismos que así lo permitan, y no solamente con la mera aprobación de un instrumento normativo.

Así, por solo mencionar un ejemplo, es necesario que se cuente con las instituciones capaces de aplicar en el Estado de que se trate el tratado o convenio internacional que el mismo haya suscrito o que instruya o prepare a las personas concernidas para hacer posible el cumplimiento de determinadas obligaciones adquiridas por la adhesión de otro tratado o convenio. No siempre, en consecuencia, se tratará de la sencilla redacción y promulgación de una ley que indique que el tratado o convenio se considera parte del derecho interno; esto es solamente el punto de partida, uno que, además, es casi igual, o muy similar, a la propia adhesión a dicho tratado o convenio.

III. La integración del Estatuto de Roma en las jurisdicciones locales

Habiendo visto la noción y la importancia que tienen los procesos de integración para hacer aplicables los tratados y convenios internacionales en el ámbito interno de cada país, que hace parte implícita de las obligaciones que asuma al adherir dichos instrumentos, pasará a explicarse brevemente el mecanismo de integración del Estatuto de Roma y la necesidad y urgencia de ponerlo en funcionamiento en cada jurisdicción local, algo que, puede adelantarse aquí, ya se ha hecho en muchos países del mundo que son parte del sistema de la Corte Penal Internacional.

Ante todo, es imperativo mencionar que a este órgano jurisdiccional internacional, que no universal (pues no ejerce una jurisdicción universal salvo cuando le es remitida una situación por parte del Consejo de Seguridad de la Organización de Naciones Unidas), está regido por el denominado principio de complementariedad (artículo 17 del Estatuto de Roma), en virtud de lo cual no sustituye ni excluye a las jurisdicciones locales en lo que respecta a aplicar lo que hoy se conoce como justicia penal internacional.

Así las cosas, son los tribunales de cada Estado parte (y, en realidad, de acuerdo con la idea de jurisdicción universal, de cualquier país), quienes están llamados a investigar, perseguir y juzgar a los presuntos responsables de haber cometido crímenes internacionales como el genocidio, los crímenes de lesa humanidad, los crímenes de guerra y la agresión; no así, en cambio y como pudiera pensarse, la Corte Penal Internacional.

Es por este principio de complementariedad que resulta incorrecto creer que todo crimen internacional debe ser conocido en cualquier circunstancia y ante todo por la Corte Penal Internacional; por el contrario, son los tribunales domésticos, las jurisdicciones locales, las que deben encargarse de la acción de la justicia en tales casos, pues son quienes tienen el verdadero papel protagónico a tales fines.

Como lo indica la denominación del principio referido, la Corte Penal Internacional lo que hace es "complementar" el trabajo de las jurisdicciones locales, concretamente y de conformidad con el citado artículo 17 del Estatuto de Roma, cuando aquellas no puedan (incapacidad) o no quieran (falta de disposición) llevar adelante la acción de la justicia penal internacional.

Siendo así se plantea la importante cuestión de si un Estado que no tenga tipificados en su legislación interna los crímenes internacionales que se encuentran descritos en el Estatuto de Roma puede considerarse dentro de una de las hipótesis que permiten que se active la jurisdicción complementaria de la Corte Penal Internacional, a saber, concretamente, la incapacidad.

En cuanto a esto, hay que apuntar ante todo que los crímenes internacionales en realidad no es que requieran ser tipificados en leyes internas o domésticas para considerarse como tales en cada ordenamiento jurídico[107], siendo autónomos en ese sentido y, por ende, de aplicación directa, por lo que bastaría la ratificación, en este caso del Estatuto de Roma, a efectos de considerar, también internamente, tipificados tales crímenes.

Si la interpretación arriba aportada no se admitiera, entonces, podría llegarse al absurdo de poderse alegar como defensa ante un tribunal nacional que la conducta realizada no está tipificada y, aún más, y lo que es peor, ante la propia Corte Penal Internacional se podría promover el mismo alegato, afirmando la imposibilidad de condena porque en el Estado de que se trate esa conducta no está prohibida penalmente, y en consecuencia es una conducta permitida (según el adagio, propio de una concepción liberal, conforme al cual "todo lo que no está prohibido, está permitido"), resultado verdaderamente inadmisible; lo que también recuerda el principio de la doble incriminación que rige en materia de extradición, en virtud del cual si la conducta realizada está tipificada solamente en el

---

[107] Respecto a este punto se retoma lo dicho en RODRÍGUEZ MORALES, Alejandro J. *La Corte Penal Internacional. Complementariedad y competencia.* Págs. 89 y siguientes. Vadell Hermanos Editores. Caracas, Venezuela. 2005.

Estado requirente pero no en el requerido, éste último no concederá la extradición de la persona, todo lo cual permite concluir que exigir adicionalmente la tipificación interna llevaría a la absoluta impunidad de innumerables crímenes.

En este orden de ideas, los crímenes internacionales, según aquí se entiende la cuestión, no necesitan de una tipificación en el ámbito nacional, si no quiere incurrirse en contrasentidos como los recién señalados, y porque, por una parte, las normas que han tipificado estos crímenes se constituyen como verdaderas normas de *ius cogens*, que no pueden ser desconocidas, ni siquiera ante la carencia de reconocimiento por los ordenamientos jurídicos domésticos, pues tienen fuerza de derecho necesario o imperativo. Por otra parte, porque, como afirma GIL GIL, si se aceptara una ineludible exigencia de tipificación interna, entonces el Derecho penal internacional *"no crearía tipos aplicables directamente a los individuos, sino únicamente obligaciones para los Estados de reprimir determinadas conductas"*[108], con lo que se desvirtuaría absolutamente el verdadero sentido de esta disciplina jurídica.

No obstante las consideraciones anteriores, debe señalarse igualmente que el principio de legalidad, que hay que tomar en cuenta cuando se analiza este tema, comprende no sólo la

---

[108] GIL GIL, Alicia. *Derecho penal internacional. Especial consideración del delito de genocidio.* Pág. 56. Editorial Tecnos. Madrid, España. 1999.

descripción de la conducta a efectos de considerarla delictiva (penalmente prohibida en consecuencia), sino también la determinación de la consecuencia jurídica atribuida a dicha conducta, es decir, la pena que ha de serle impuesta a quien incurra en la misma (obsérvese que se habla sólo de pena, por cuanto el Estatuto de Roma no establece medidas de seguridad, acogiendo en tal virtud un sistema monista de sanción, es decir, en el que se aplican únicamente penas).

Así, el principio de legalidad contiene diversas garantías, no solamente la denominada "garantía criminal", conforme a la cual la conducta debe encontrarse descrita como delito en una ley penal escrita, estricta, previa y cierta; sino también, y junto a la garantía jurisdiccional y de ejecución, la llamada "garantía penal", como exigencia de acuerdo a la cual debe encontrarse legalmente establecida igualmente la clase de pena y su posible cuantía, es decir, se trata de la prohibición de imponer una pena si ésta no se encuentra determinada en la ley tanto en lo que atañe a su naturaleza como en lo atinente a su duración[109].

En el Estatuto de Roma, ciertamente, las penas no se encuentran determinadas, como sería deseable de acuerdo a la

---

[109] ROXIN, Claus. *Derecho penal. Parte general. Tomo I. Fundamentos. La estructura del delito*. Pág. 138. Editorial Civitas. Madrid, España. 1997; QUINTERO OLIVARES, Gonzalo. *Manual de Derecho penal. Parte general*. Pág. 72. Editorial Aranzadi. Navarra, España. 2000.

garantía penal inherente al principio de legalidad, en primer lugar porque no se establece qué pena ha de imponerse a cada delito, ni cualitativa ni cuantitativamente; y en segundo lugar, porque se incluyó una cláusula general en el artículo 77, conforme a la cual la Corte Penal Internacional podrá imponer cualquiera de las penas señaladas en ese artículo, esto es, la reclusión por un número de años no excedente de 30, o la reclusión a perpetuidad; por lo que una persona que cometa alguno, cualquiera, de los crímenes competencia de este tribunal, podría ser sancionado con reclusión de un año o a perpetuidad, lo que evidencia la indeterminación que en esta materia presenta el Estatuto de Roma, y que, según aquí se ha querido postular, impide la aplicación directa de los tipos penales allí contenidos en los ordenamientos nacionales, requiriéndose en consecuencia la tipificación interna (vía un proceso de integración) de los crímenes correspondientes para suplir esta falencia inadmisible en el Derecho penal doméstico, asignándose a cada crimen una clase de pena y un marco menos amplio (a diferencia del que va de 1 año hasta reclusión perpetua, cual es el establecido en el artículo 77 del Estatuto de Roma).

En vista de lo anterior, se hace imperativo, pues, el impulso de procesos de integración o implementación del Estatuto de Roma en los diversos Estados Partes, a efectos de dar cumplimiento a las obligaciones inherentes a la ratificación del mismo y para permitir el ejercicio de la jurisdicción de los tribunales internos o domésticos respecto a los crímenes internacionales tipificados y, en tal virtud, no tener que llevar a los responsables ante la Corte Penal Internacional y su jurisdicción complementaria.

Y es que, efectivamente, la integración o implementación del Estatuto de Roma es la que en definitiva habrá de determinar que internamente, o en otros términos, en el ámbito doméstico, pueda adelantarse la investigación y el enjuiciamiento de los más graves crímenes internacionales (*core crimes*), que en todos los casos es lo preferible o idóneo, lo que tiene que ver con el hecho de que la Corte Penal Internacional es, como se indicó *supra*, complementaria de las jurisdicciones nacionales, por lo que de ningún modo las sustituye o reemplaza.

En este sentido, la implementación del Estatuto de Roma se presenta como un mandato ineludible y con ella se hace referencia al proceso mediante el cual los Estados Partes han de "internalizar" o "integrar", por decirlo de alguna forma, sus regulaciones a efectos de poder dar cumplimiento a la obligación que ostentan de perseguir y sancionar a los responsables de haber cometido crímenes internacionales, siendo que, de lo contrario, habrá de activarse la tantas veces indicada jurisdicción complementaria, precisamente para evitar la impunidad de los mismos.

Si se parte de esa premisa entonces se plantea inmediatamente la interrogante acerca de cómo ha de ser una tal implementación. En relación a esto, AMBOS ha puesto de relieve que pueden darse diversas modalidades de implementación, siendo algunas de ellas inaceptables o inconvenientes; así, puede aludirse en primer lugar a la no implementación, lo que no sería opción alguna; en segundo lugar, puede mencionarse la implementación limitada, consistente en introducir normas que protejan la administración de justicia de la Corte Penal Internacional (artículo 70.4 del Estatuto de Roma) así como normas procesales de cooperación con ésta. En tercer lugar, y considerándose la opción más acertada y adecuada, se encuentra la llamada implementación total o completa, la cual consiste en incorporar la normativa del Estatuto de Roma al derecho interno, lo que será posible con el empleo de diversos modelos: a) el modelo de referencia (o *reference model*), que puede representar su aplicación directa (África del Sur), la referencia o remisión al Estatuto (Canadá, Nueva Zelanda) o la adopción literal (Bélgica); y, b) el modelo de codificación especial, que consistiría en la implementación modificada en el Código Penal o mediante una Ley especial (Alemania y Ecuador)[110].

---

[110] AMBOS, Kai. *Implementación del Estatuto de Roma en la legislación nacional*. En AMBOS y MALARINO, Kai y Ezequiel (editores). *Persecución penal nacional de crímenes internacionales en América Latina y España*. Pág. 31. Konrad Adenauer Stiftung. Montevideo, Uruguay. 2003.

En Venezuela se ha venido proponiendo la adopción de este último modelo, es decir, la implementación total o completa mediante la modificación del Código Penal a efectos de incorporar los tipos penales del Estatuto de Roma, asignándoseles en consecuencia una pena determinada. Así, el Proyecto de Código Penal presentado por el Tribunal Supremo de Justicia a la Asamblea Nacional en el año 2004 contiene una regulación, si bien no muy acertada y coherente, de lo que denomina "crímenes de lesa humanidad", en los que en realidad subsume, de un modo inaceptable e incorrecto (pues los considera pertenecientes a dicha categoría), al genocidio, el terrorismo, los verdaderos crímenes de lesa humanidad, el narcotráfico, así como los crímenes de guerra.

No es éste el lugar para emprender un análisis detallado de las disposiciones que conforman el Título IV ("Crímenes de Lesa Humanidad") del Libro Segundo del referido Proyecto, bastando decir que la consideración del genocidio y los crímenes de guerra como crímenes de lesa humanidad es inadmisible, ya que es bien sabido que se trata de crímenes internacionales autónomos; por su parte, al incluir en esta categoría de crímenes al terrorismo y el narcotráfico está ciertamente innovando respecto de la regulación del artículo 7 del Estatuto de Roma, que no incluye tales conductas en el catálogo de actos constitutivos de crímenes de lesa humanidad y que aquí se consideran que no deben agregarse a dicho catálogo.

Dejando de lado en consecuencia el Proyecto en cuestión, que no obstante resulta plausible por haber mostrado al menos preocupación en lo atinente a la incorporación de los crímenes internacionales en la legislación venezolana, debe ser observado que la implementación del Estatuto de Roma a través de una reforma al Código Penal, en verdad, no aparece como la vía más adecuada para lograr dicha finalidad. En efecto, jurídica y políticamente, resulta más conveniente plantear la implementación del Estatuto de Roma, es decir, la incorporación de los tipos penales allí contenidos, mediante una legislación especial y separada, como se ha hecho, por ejemplo, en Alemania e incluso en un país tan cercano geográfica y culturalmente como lo es Ecuador.

Tal conveniencia deviene, en primer lugar, y desde el punto de vista jurídico, del hecho conocido de que el Derecho penal internacional se ha venido a consolidar en los últimos años como una verdadera disciplina jurídica que ostenta ciertas particularidades que han de ser tomadas en cuenta y que repercuten no sólo en materia de Derecho penal especial (esto es, en lo correspondiente a la tipificación de los crímenes internacionales, su descripción y la asignación de penas determinadas para quienes los cometan), sino que además ello sucede en materia de Derecho penal general (vale decir, en lo que respecta a ciertos principios fundamentales y, sobre todo, en cuanto a la teoría general del delito), por lo que una legislación especial serviría para regular en ambos frentes.

Adicionalmente, y también desde lo jurídico, el promulgar una ley especial serviría asimismo a objeto de destacar esa importancia que ha cobrado el Derecho penal internacional.

De otra parte, y ya bajo la óptica de las consideraciones políticas, que ciertamente no han de menospreciarse, resulta igualmente preferible la vía de una ley especial por cuanto a los efectos legislativos es mucho más sencillo, y suele ser más expedito, aprobar una ley especial, que la reforma de un Código Penal, pudiendo conseguirse más fácilmente un consenso en torno a la misma.

En virtud de las consideraciones anteriores es que aquí se considera preferible llevar a cabo un proceso de integración del Estatuto de Roma justamente a través de una ley especial cuyo objeto sea única y específicamente regular la cuestión de los crímenes internacionales, legislando tanto aspectos de carácter general como propiamente especial.

IV. Resumen

Como se ha intentado mostrar en este modesto ensayo el Estatuto de Roma es no solamente un instrumento importante para la consecución de la justicia penal internacional, específicamente para evitar la impunidad de los más graves crímenes internacionales, sino que además constituye un mecanismo promotor (y es una promoción reforzada porque tiene el respaldo de ser una obligación jurídica para los Estados Parte) de esa justicia penal internacional en el ámbito de las jurisdicciones locales, que de otro modo, tal vez, no tendrían la iniciativa de modificar sus legislaciones penales para por fin tipificar tan terribles atrocidades. Es un aporte que quizá no es vistoso, pero que en definitiva tiene una importancia significativa.

Índice